Como dominar en 5 semanas

BIG DATA PARA CEOS Y DIRECTORES DE MARKETING

(Por fin explicado para que se entienda, de forma práctica y sin palabras vacías)

Autor: Isaac González

http://www.datascience4business.com

En las ilustraciones tomadas de la web pública se cita su fuente. Sus derechos corresponden a sus propietarios.

SOBRE EL AUTOR

Hola! mi nombre es Isaac González.

Llevo más de 15 años dedicándome a la aplicación de Advanced Analytics a la mejora de resultados de negocio, especialmente en las áreas de marketing y comercial.

He trabajado en consultoras referentes en este ámbito como Accenture, Neometrics o Ernst & Young, y desarrollado proyectos para grandes compañías como Santander, Endesa, VidaCaixa, BBVA Bancomer, etc.

Y lo he hecho ocupando puestos como Director de Data & Analytics, Senior Manager Advanced Analytics o Director de Consultoría.

También me encanta la docencia, y doy clase en varios programas de Big Data de la EOI desde hace más de 5 años.

Y he creado una empresa de formación en Data Science con el mismo estilo práctico y de negocio que este libro:
http://www.datascience4business.com

No quiero aburrirte más hablando sobre mí, así que si quieres conocerme un poco mejor visita www.isaacgonzalez.es

ÍNDICE

PRÓLOGO

Motivación

Big Data es el término de moda en los últimos años.

No hay ponencia, presentación o evento en el que de una u otra forma no se haga referencia a Big Data.

Sin embargo, a pesar de toda esa popularidad, o quizá precisamente debido a ella, se hace difícil para alguien que no provenga de este ámbito entender qué es Big Data exactamente.

Generalmente los directivos intuyen que es algo que puede generar muchos beneficios sobre su negocio pero no acaban de entender en qué se traduce ni qué implica operativamente.

Y no es su culpa, ya que en la mayoría de los casos el interesado se encuentra con un batiburrillo de tecnologías, jerga técnica, proveedores con diferentes mensajes y casos de uso que se focalizan mucho en la tecnología pero cuesta ver los resultados.

En este libro te voy a intentar explicar **qué es Big Data y cómo poder aplicarlo** para mejorar los resultados de tu negocio sin necesidad de ser un técnico o tener gran experiencia en este ámbito.

De hecho, el hueco que quiere ocupar este libro estuvo totalmente definido desde la primera palabra que empecé a escribir. Y es el siguiente:

En el mercado ya existen muchos libros sobre Big Data.

Pero curiosamente, al menos hasta donde yo he podido investigar, son libros que caen en uno de estos dos grupos:

- Libros a muy alto nivel, llenos de clichés y palabras vacías: las 3Vs, la cantidad de Terabytes que se producen en internet por segundo, el ordenador que con Big Data ganó a humanos en un concurso americano de preguntas y respuestas etc. Conceptos muy vagos, que tratan al lector, simplemente por ser un perfil de negocio, casi insultando su inteligencia o su capacidad de esfuerzo. Debo admitir que no me gusta nada este estilo. <u>Cuando compro un libro quiero que me aporte valor</u>, al nivel que lo necesito, pero valor. El problema es que cuando uno es un experto en un tema es capaz de "oler" esto a distancia y automáticamente lo descarta, pero cuando no lo es, las alarmas no saltan, y al final el lector termina todavía más confuso de lo que estaba, pensando que Big Data es algo tan complejo que nunca será capaz de entenderlo
- O por otro lado libros técnicos: dirigidos al profesional técnico especialista en esa solución en concreto. Estos si aportan valor, pero a un lector técnico, sin embargo son poco útiles para un perfil directivo o de negocio

Si estás buscando el primer tipo de libro, lo siento, este no es para ti. Encontrarás aquí conceptos duros, que te obligarán a leer varias veces y posiblemente a crear tus propios apuntes y esquemas.

Pero si estás buscando el segundo tipo me temo que tampoco este libro te va a satisfacer. No encontrarás aquí ni una línea de código.

El posicionamiento de este libro es algo entre los dos anteriores.

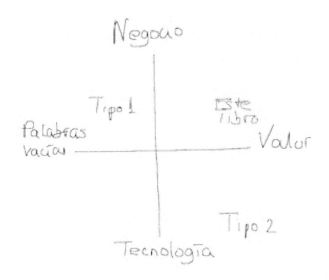

Nota: quizá el estilo gráfico de este libro te sorprenda al principio. Está deliberadamente hecho a mano alzada (y debo reconocer que no tengo la mejor letra del mundo). Como te ampliaré más tarde, este libro está pensado como si te estuviera explicando qué es Big Data en una conversación de café, dibujando todos los esquemas con un bolígrafo en una servilleta. Soy un fuerte convencido de que las ideas fluyen y se entienden mucho mejor así, por eso he querido utilizar este formato para apoyar la explicación.

Este libro está específicamente dirigido a un perfil de negocio, concretamente para un CEO o un Director de Marketing.

Por tanto no encontrarás detalles excesivamente técnicos, ni tampoco una línea de código.

Pero sin embargo sí hay mucho detalle funcional. Porque creo que es necesario para un perfil como el tuyo.

Creo que **Big Data y Analytics serán, con toda seguridad, dos habilidades imprescindibles para cualquier directivo en la empresa actual y la futura.**

Y será necesario dominarlas a un nivel suficiente como para:

- Decidir si implantarlo o no en tu empresa
- Negociar con proveedores y consultores
- Diseñar productos y servicios analíticos
- Convencer con propiedad y conocimiento a clientes experimentados
- Contratar con garantías a profesionales analíticos
- Supervisar proyectos y que no te den gato por liebre
- Etc.

Y déjame que te sea muy sincero. Escenarios como los anteriores no se resuelven ni conociendo la cantidad de información que se genera en internet por segundo, ni sabiendo cómo programar Cassandra.

Se resuelven con un conocimiento funcional, practico y directivo como el que te voy a dar en este libro.

Mi misión está muy clara, te voy a coger de la mano y te voy a llevar de viaje del punto A al punto B.

El punto A es en el que posiblemente estás ahora: nociones sueltas de qué es Big Data pero sin un marco mental claro en el que puedas unirlo todo. Has escuchado que produce unos resultados espectaculares pero no llegas a entender suficientemente el "cómo lo hace" para creértelo.

Estás continuamente expuesto a ruido porque cada nuevo proveedor que llega te cuenta una cosa diferente y lo que ayer era lo bueno hoy ya no sirve.

Todo ello te genera sobretodo una incómoda inseguridad, y una mochila de incertidumbres que te impiden pasar a la acción.

Por un lado te atrae todo lo que parece que Big Data te puede aportar, pero por otro no lo ves suficientemente claro como para dar el paso.

Estás en la continua situación de tener que lidiar con la presión por avanzar y lo que se espera de ti, y la mosca detrás de la oreja que te dice que ante la duda, mejor ser conservador.

El punto B es aquel en el que tienes el conocimiento suficiente para tomar decisiones, eres capaz de ver el marco global de Big Data, de entender las tecnologías, conocer los algoritmos y saber lo que esperar de las aplicaciones prácticas.

Eres un nivel "usuario avanzado". Por supuesto no eres un especialista pero te sientes totalmente cómodo interactuando, negociando o dirigiendo a los especialistas. Y eres capaz de justificar con aplomo cualquier decisión que has tomado en este ámbito.

Como te decía, mediante este libro, vamos a hacer el viaje del punto A al punto B, y lo vamos a hacer como ya lo llevo haciendo en estas primeras páginas, de tú a tú.

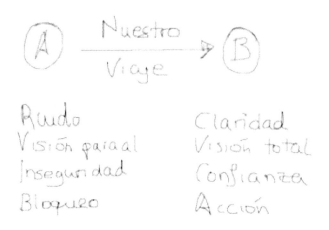

A la hora de escribirlo me he puesto en la siguiente situación. Eres mi mejor amigo, me has llamado y me has dicho "Isaac: creo que debería dar un impulso a mi empresa con Big Data, pero no tengo ni idea de cómo empezar".

Así que hemos quedado en una cafetería de esas que te cobran 4€ por un café (tamaño tall), nos hemos armado de paciencia y he empezado a contarte todo lo que tienes por delante.

Eso sí, haciendo uso de un bolígrafo y gastando muchas servilletas con dos objetivos. El primero intentar transmitirte de forma gráfica y visual con dibujos y esquemas los principales conceptos. Y el segundo, hacer gasto para amortizar los 4€ del café.

Estructura del libro

Pero no podemos hacer un viaje sin mapa, y este va a ser el mapa que utilizaremos.

Haremos 5 paradas (secciones del libro) y en cada una de ellas cumpliremos uno de los 5 grandes hitos del viaje.

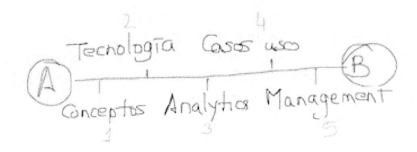

En la primera sección abordaremos brevemente los principales conceptos de Big Data.

Te explicaré cual es el gran truco que usa Big Data y te sorprenderás de lo sencillo que realmente es.

Te contaré sus principales características y por qué son importantes para el negocio.

Intentaré transmitirte la idea de que Big Data no es (sólo) tecnología. Si no que es un combinado de tres cosas: negocio → analytics → tecnología.

En la segunda sección vamos a ver la tecnología. Es una sección dura, hay muchos conceptos y nombres tecnológicos, pero te la contaré de tal manera que primero puedas entender la foto global de lo que es un ecosistema

Big Data, y después entiendas qué es cada componente y para qué sirve.

En la tercera nos meteremos en el mundo de los algoritmos y las metodologías analíticas. También requerirá esfuerzo, pero aprenderás los diferentes tipos de Analytics, las principales metodologías y los algoritmos que debes conocer.

En la cuarta por fin llegaremos a los casos de uso. En ella veremos el resultado de combinar tecnología más analytics para ponerla a disposición de objetivos de negocio. Repasaremos casi 20 aplicaciones de Big Data al negocio, haciendo un especial énfasis en las del mundo de marketing/comercial.

Por último en la quinta sección tocaremos temas de gestión de Big Data. Aspectos más cualitativos pero sumamente importantes sobre cómo generar productos analíticos, cómo estructurar y gestionar equipos, cómo enfrentarse a un proyecto de Big Data o cómo definir y llevar las relaciones con otras áreas relacionadas en la empresa.

Esos son los cinco grandes factores que harán de ti un cinturón negro (o por lo menos marrón) de Big Data: conceptos clave, tecnología, analytics casos de uso y management.

Dominar los cinco al nivel de este libro te llevará del punto A al punto B.

Y si te pones con ganas, cada sección está pensada para ser dominada en una semana.

Lo que tienes ante ti es una transformación personal y profesional.

Espero que te diviertas tanto haciendo este viaje como yo lo he hecho planeándolo para ti.

Sin más, ponte cómodo, respira hondo y comencemos.

AGRADECIMIENTOS Y DEDICATORIA

Siempre pienso que ésta es la sección de un libro que no le interesa a nadie, porque normalmente los citados no son conocidos por el lector.

Pero es mi primer (y quien sabe si único) libro, así que me voy a permitir el lujo de incluirla. Nunca se sabe si habrá otra oportunidad.

Si piensas que no te va a aportar nada simplemente pasa dos páginas para entrar en materia. Pero si te interesa saber de dónde vienen el conocimiento y experiencias que encontrarás en este libro date un minuto más y lee esta página.

Puede ser que estés entre los citados, en cuyo caso que sepas que has contribuido de una manera u otra a lo que soy, así que no puedo decir más que GRACIAS.

Si no lo estás pero deberías estar, mi más sinceras disculpas de corazón. Lo más difícil de citar a las personas que te han influido es que siempre, por mucho cariño que le pongas, te dejas inintencionada e injustamente fuera muchas otras que también te han influido. Así que aquí va mi garantía: si no estás y deberías házmelo saber y al momento te invito a unas cañas.

Sin más, mi eterno agradecimiento a:

Berta Marcos, mi primera jefa, de la que aprendí cómo gestionar y defender a tu equipo. Y a todos mis compañeros de TPI: Carlos, Yolanda, Irene, Mónica, Quique, Javi, Marta, ...

Beatriz Sanz, quien pensó que podía haber potencial en un jovencillo e inexperto chico de provincia que en aquel momento no tenía más credencial que un título en Psicología, y me dio mi primera oportunidad.

Todos mis compañeros de EY, que son tantos y tan buenos que no podría nombrarlos ni en todo el libro. Pero vosotros sabéis quienes sois.

Miguel Ángel García, mi mentor en aquella época y del que aprendí el valor del foco y el pragmatismo. Siempre profesional y "enchufado".

Pablo González, del que aprendí a pensar estratégicamente y de los mejores Business Developer que he conocido.

José Luis Flórez, un visionario que siempre va 10 años por delante del mercado.

A todos mis compañeros de Neometrics / Accenture: Raquel, Severine, Guillermo, Pau, Sonia y todos los demás.

Y a mi equipo de Equifax por el apoyo en los momentos difíciles.

Quiero hacer un agradecimiento especial a los beta readers de este libro, a los que siempre meto en este tipo de líos, y los que paciente y sorprendentemente me siguen ayudando: Javier Cabezas, Enrique Gil, Juan Diego Bernal, David Leiva y Alba Díaz.

Pero sobre todo quiero agradecer a mis padres, Argentina y Lorenzo por la educación y los valores que me han dado, y especialmente a mi mujer, Gema, por millones de cosas, entre ellas su paciencia, comprensión, apoyo infinito e incondicional y cariño.

A ti, Gema, va dedicado este libro, y también a ti, Carla, para que si dentro de 15 años lo encuentras en el fondo de alguna estantería, sepas que ya en estas fechas, eras lo primero y lo último en lo que pienso cada día.

BONUS: La compra de este libro también incluye el acceso gratuito a un mini-curso para que aprendas a crear tu primer modelo de machine learning en R en una semana

Este libro es funcional, es decir, no encontrarás en él nada de código. Pero si quieres dar un paso más y ver si Data Science puede ser para ti en el mini-curso tendrás un primer contacto con el trabajo típico de un Data Scientist, incluso aunque nunca antes hayas programado en ningún lenguaje ni conozcas todavía los algoritmos:

- Resolverás un caso de negocio (sobre mantenimiento preventivo) similar a un caso real, aunque muy simplificado
- Tendrás todo el código en R ya creado. Así la primera vez simplemente puedes ir dando a ejecutar e ir aprendiendo metología, viendo lo que hace e interpretando los resultados.
- Recibirás 3 videos durante una semana en los que te iré guiando paso a paso para que vayas aprendiendo
- Desde una perspectiva práctica y de negocio. No es necesario tener experiencia previa en data science ni siquiera en programación

Si quieres acceder a esta formación adicional gratuita, con casi 4h de videos y todo el código preparado y testar si Data Science puede ser para ti apúntate en http://www.desafioml.com

SECCION I: CONCEPTOS CLAVE

¿Qué vamos a ver en esta sección?

En la sección que estás a punto de comenzar:

- Conocerás donde y por qué surgió Big Data
- Definiremos Big Data desde un punto de vista práctico
- Descubrirás cual es el gran "truco" que está detrás de Big Data
- Sabrás la característica que hace que Big Data pueda generar valor a cualquier empresa de cualquier tamaño
- Listaremos las primeras aplicaciones que salen de la tecnología
- Insistiré en que Big Data no es sólo tecnología
- Aclararemos los conceptos que más confusión causan en el día a día por ser mezclados o utilizados indistintamente

¿Qué es Big Data? y Conceptos clave

Big Data es una conjunto de tecnologías, creadas por los grandes de internet (Google, Yahoo, Facebook, LinkedIn,...), capaz de procesar grandes volúmenes de información de forma eficiente, segura y escalable.

Seguramente habrás escuchado que además también se utiliza para procesar información de distinta tipología e información en tiempo real.

Lo que da lugar a las famosas tres Vs de Volumen, Variedad y Velocidad.

Te prometo que no voy a rellenar páginas hablando de las 3 Vs. Cuando alguien me viene a hablar de Big Data y empieza con las 3 Vs ya sé que no va a ser muy productivo desde el punto de vista práctico.

Así que simplemente para el hipotético caso de que seas un absoluto recién llegado a Big Data te diré que se dice que Big Data debe dar solución a problemas de:

- Gran volumen de información a manejar → Volumen
- Distintos tipos de información → Variedad
- Procesamiento en tiempo real → Velocidad

De las tres, la que la gente asocia de forma más inmediata a Big Data (aunque no es necesariamente la más importante) es la **capacidad de procesar grandes volúmenes de datos**.

Y aquí llegamos a la primera gran pregunta es ¿Qué se entiende por grandes volúmenes?

No hay un criterio definido, hay quien dice que en cuanto entramos en la escala de Terabytes ya estamos en Big Data, pero es algo que no me termina de convencer, ya que dada la velocidad de avance de los procesadores y del descenso del coste de la memoria RAM deberíamos estar cambiando ese criterio cada pocos meses.

Para mí el mejor criterio, dado que como veremos en breve la clave de Big Data está en la paralización de máquinas, la respuesta práctica sería:

Utilizaremos esta tecnología cuando el volumen de datos no pueda ser procesado en una sola máquina o el coste de la misma no sería operativo.

A partir de aquí se empieza a complicar la cosa, debido a que se comienza a mezclar la tecnología con los conceptos, y es dónde la gente empieza a perderse.

Se empiezan a escuchar palabras como Hadoop, Spark, Yarn, Hive, Pig, Hbase, NoSql, y muchas veces da la sensación de que incluso existe intencionadamente la idea de no explicar demasiado.

Hablaremos de todo eso en la siguiente sección, pero primero acompáñame en un recorrido por los principales conceptos que hay que entender y consolidar antes de meternos con la tecnología.

Decíamos que el objetivo original de Big Data era procesar grandes volúmenes de información.

Pues bien, más allá de toda la jerga y ruido, **el gran truco que utiliza Big Data es realmente sencillo y se podría resumir en estos dos puntos:**

- Dividir la gran tarea en tareas más pequeñas
- Asignar de forma paralela y escalable las tareas pequeñas a diferentes máquinas encargadas de procesarlas

Vamos a entenderlo perfectamente con el siguiente ejemplo:

Imaginemos que eres el dueño de un hotel de 25 habitaciones. En limpiar cada habitación se tarda 18 minutos. Por tanto una persona podría limpiar las 25 habitaciones en su jornada de trabajo. 18 x 25 / 60 = 7,5 horas.

Pero el negocio crece y compras otro edificio que añade otras 75 habitaciones. ¿Qué haces? Pues posiblemente divides el hotel en 4 secciones de 25 habitaciones cada una y contratas 3 personas de limpieza más.

Pues ese es ni más ni menos el gran concepto de qué es Big Data. Dividir y paralelizar.

Ahora bien, vas a tener una ocupación del 100% en temporada alta, pero pongamos que decae al 50% durante el resto del año.

¿Vas a tener en plantilla las 4 personas de limpieza durante todo el año?. El negocio no lo soportaría.

Seguramente lo que harías sería tener 2 trabajadores fijos durante todo el año y contratar otros dos de apoyo adicional en Semana Santa, Navidad y verano.

Pues ese es el segundo gran concepto de qué es Big Data: ser capaz de adecuar de forma dinámica y escalable la infraestructura necesaria en cada momento, flexibilizando costes y teniendo virtualmente la capacidad de poder analizar cualquier caso de negocio por grande que sea.

Además aporta otra serie de características técnicas interesantes como:

- Gestiona automáticamente todo el proceso de dividir el total de los datos en partes pequeñas y distribuirlos entre los diferentes procesadores
- Optimiza el almacenamiento de los datos, lo que permite guardar gran volumen de información de forma muy eficiente
- Tiene un sistema automático de réplicas (genera varias copias de las partes de los datos) y los guarda en diferentes máquinas para que no haya pérdidas

Vale muy bien pero, **¿Y todo esto para qué sirve?**

Simplemente con las características que hemos visto hasta ahora ya existen importantes beneficios de negocio como:

- Podemos dejar almacenados datos de forma eficiente (coste) aunque no los vayamos a usar inmediatamente, pero sí en el futuro → Data Lakes
- Podemos adecuar el procesamiento (y el coste) a las necesidades de cada momento, levantando más máquinas en "temporada alta" y apagándolas cuando no se necesiten
- Una empresa pequeña puede acceder al mismo tipo de tecnología que una multinacional, empezar en pequeño e ir creciendo progresivamente en tecnología conforme se crece en negocio
- La capacidad de análisis se vuelve potencialmente infinita

Estas aplicaciones ya están muy bien y permiten generar valor sobre todo por el lado de la reducción de costes.

Pero donde está realmente el verdadero valor es por el lado de la generación de ingresos.

No te preocupes, hablaremos en profundidad de las aplicaciones a negocio en la sección IV del libro, pero antes tenemos que recorrer un largo pero interesante camino consolidando ciertos conceptos de tecnología y de algoritmos analíticos.

También creo que es necesario en este punto aclarar una serie de conceptos que normalmente suelen confundir a la gente. Parecen cosas muy básicas, pero en muchas ocasiones son términos que se utilizan de forma incorrecta, y no quiero que eso te pase a ti.

Las definiciones dadas aquí no son oficiales, son mis propias definiciones que, como el resto de este libro, priorizan el ser prácticas y entendibles frente a ser 100% formales y políticamente correctas.

Al final del libro encontrarás un glosario en el que están estas definiciones y muchas otras, pero considero interesante que ahora al menos aclaremos los principales grupos de conceptos que se suelen confundir.

En cuanto al grupo de los enfoques como Big Data, Analytics, Advanced Analytics:

- **Analytics**: es en general la utilización de técnicas de análisis de datos para resolver problemas de negocio. Es la categoría más general, que incluye tanto análisis de datos en Big Data como en Small Data, tanto técnicas "sencillas" como porcentajes, medias, tablas cruzadas o gráficos como "avanzadas": modelos predictivos, text mining, etc.

- **Big Data**: Big Data es el análisis de grandes volúmenes de información. Se divide en dos ámbitos principales: Big Data tecnología, que se encarga principalmente del desarrollo del software (Hadoop, Spark, etc.), y de la configuración y mantenimiento de la arquitectura de la plataforma. Y Big Data analytics, que se encarga de la explotación mediante técnicas y lenguajes analíticos (R, Python, etc.)

- **Advanced Analytics**: la parte de Analytics que trabaja con los algoritmos más avanzados. Utiliza técnicas principalmente del campo de la estadística: regresiones multivariantes y logística, análisis discriminante, componentes principales, etc., de la inteligencia artificial: árboles de decisión, redes neuronales, etc., y de las matemáticas: optimización

En cuanto al grupo de las técnicas como machine learning, inteligencia artificial, datamining:

- **Inteligencia Artificial**: pese a que parezca el concepto más novedoso porque ha vuelto a estar en la cresta de las palabras "buzzwords" es realmente la más antigua de las 3. Existe desde la década de los 50 del siglo 20, y a nuestros efectos, se puede dividir en dos grandes ramas. La simbólica y la conexionista. La simbólica pretende dotar a las máquinas del conocimiento humano ya existente y su forma operativa más conocida son los Sistemas Expertos, en los cuales se le da a la máquina el conocimiento en forma de una base de conocimiento y unas reglas que regulan cómo debe "pensar". Pero la que vuelve a estar más de moda es la conexionista, que pretende que la máquina aprenda por si sola el conocimiento inspirándose en cómo funciona la biología y como aprendemos los humanos. La forma operativa más conocida son las redes neuronales, que vuelven a estar de moda gracias a los últimos avances en Deep Learning. No te preocupes ahora si todo esto te suena a chino porque en la parte III del libro volveremos a verlo con más tiempo y detalle

- **Machine learning**: comparte con la inteligencia artificial el objetivo de que las máquinas aprendan por si solas, pero amplia un poco el ámbito, ya que no necesariamente tiene el objetivo de lograr "inteligencia", si no que en muchos casos se conforma con que el aprendizaje de la máquina permita solucionar un problema práctico. Por ello entre su arsenal tiene técnicas de inteligencia artificial como las redes neuronales ya vistas, o también otras que no intentan replicar inteligencia pero permiten solucionar problemas como los árboles de decisión, o métodos estadísticos como regresiones

- **Data Mining**: en general es el proceso de extraer patrones ocultos en los datos. Es más amplio que machine learning, ya que utiliza los algoritmos de éste para las modelizaciones avanzadas pero también incluye otras fases como calidad de datos, preparación de los mismos y las metodologías necesarias para coger unos datos en bruto y transformarlos en patrones y conclusiones de negocio

Y por último en cuanto al grupo de los perfiles profesionales que trabajan en este ámbito:

- **Arquitecto Big Data**: se encarga de definir, configurar y mantener la plataforma tecnológica de Big Data
- **Ingeniero de datos**: se encarga de acceder, extraer, transformar y gestionar los datos necesarios para los

proyectos, así como de la puesta en producción de los modelos y algoritmos desarrollados

- **Business Analyst:** se encarga de realizar análisis y extraer conclusiones, pero normalmente con un sesgo más de negocio que técnico. Conoce muy bien el negocio pero utiliza técnicas analíticas más básicas y tecnología de más alto nivel con entornos gráficos y sin programación
- **Data Miner:** se encarga de realizar análisis y extraer conclusiones, pero con un sesgo a medio camino entre negocio y analytics. Es capaz de cubrir todas las fases de un proyecto, desde la preparación de datos hasta las conclusiones de negocio pasando por la modelización avanzada. Se siente cómodo con tecnologías como SAS o Ibm Modeler
- **Data Scientist**: se encarga de realizar análisis y extraer conclusiones, pero con un sesgo a medio camino entre analytics y big data. Se siente cómodo accediendo a la tecnología Big Data y usando tecnología analítica del mundo opensource como R o Python

Sobre el grupo de tecnología hay mucho que definir, pero no lo vamos a hacer aquí si no en la siguiente sección.

Nos meteremos a entender la tecnología de Big Data, aunque me escucharás muchas veces decir que Big Data no es tecnología. O de forma más correcta, **no es sólo tecnología**.

Y al final de este viaje espero haberte inculcado ese mensaje de forma profunda.

Pero es verdad que muy posiblemente has llegado a este libro queriendo entender de una vez que son estos famosos

Hadoop, Spark, Cassandra, Hbase, Sqoop, Flume, Yarn, etc y para qué sirven.

Y eso es precisamente lo que haremos en la sección II

Puntos clave a llevarse de esta sección

- Big Data surge de la necesidad de los grandes de internet de analizar toda la información que manejan en el mundo online
- Esta información cumple tres características principales: es de gran volumen, puede ser de diversos tipos (tablas estructuradas, texto libre, imágenes, video, audio), y se actualiza constantemente en tiempo real
- Por tanto crean tecnologías capaces de manejar esos factores
- El gran truco de la tecnología Big Data es "dividir y paralelizar"
- Otra característica clave es la capacidad de escalar o reducir la capacidad de cómputo, simplemente añadiendo o apagando más máquinas
- Big Data como tecnología ya presenta un valor significativo para el negocio, especialmente recortando costes
- Pero Big Data NO ES SOLO TECNOLOGIA
- Cuando encima de la tecnología añadimos algoritmos analíticos y metodologías de negocio, se genera un activo capaz de crear enorme valor por la parte de los ingresos
- Hemos definido ya algunos de los conceptos que causan confusión y que iremos ampliando a lo largo del libro

¿Te está gustando el libro?

Posiblemente te hayas decidido a comprar este libro gracias a los comentarios de otras personas.

Si te parece que el libro aporta valor, por favor ayuda a otras personas también a tomar su decisión escribiendo tu reseña en Amazon:

- Vete a esta dirección: http://bit.ly/opinionbigdata
- Escribe tu valoración y cuenta cómo este libro te ha ayudado

Te garantizo que leo todas las reseñas y me encantaría conocer la tuya!!

SECCION II: TECNOLOGIA

¿Qué vamos a ver en esta sección?

- Entenderemos Hadoop, como el padre de todo el desarrollo posterior en Big Data
- Veremos que Hadoop tiene muchas fortalezas, pero también algunas debilidades, y conoceremos el resto del ecosistema que ha surgido a su alrededor para cubrir
- Describiremos las diferencias entre el procesamiento en batch y el de tiempo real, y la tecnología que se debe usar en cada caso
- Sabremos más sobre los diferentes tipos de bases de datos NoSql y para qué usos están indicados
- Apostaremos por Spark como la tecnología Big Data más recomendable en la actualidad
- Estudiaremos los pros y los contras de realizar una implantación de Big Data On-premise contra utilizar Cloud
- Haremos un repaso detallado de las principales distribuciones actuales de Big Data y veremos por qué es unos de los factores más importantes en cuanto al potencial de acercar Big Data a cualquier empresa

El padre de Big Data: Hadoop

Hasta ahora hemos visto que el **gran "truco" de Big Data es dividir y paralelizar.**

Y hemos revisado sus principales características conceptuales como escalabilidad, almacenamiento, procesamiento virtualmente ilimitado, etc.

Pero intencionadamente no me he metido todavía con las tecnologías concretas.

Y digo intencionadamente porque me interesaba que conocieras cual es conceptualmente el cambio cualitativo que supone Big Data gracias al divide y paraleliza.

Esa es la parte que peor se suele explicar y que provoca que la gente se desoriente. Pero es que realmente todas las tecnologías de las que vamos a hablar como Hadoop, Storm, NoSql, Spark, etc utilizan ese concepto.

Además, voy a intentar explicarlas no haciendo énfasis en la parte técnica, sino en que puedas entender qué es y para qué se ha de utilizar cada una de ellas.

Vamos a ello.

El primer componente del que tenemos que hablar es sin duda Hadoop.

Es el padre de Big Data.

Básicamente **Hadoop** es un sistema que tiene **dos grandes componentes:**

- Un sistema de almacenamiento: HDFS
- Un sistema de procesamiento: MapReduce

HDFS (Hadoop Distributed File System) es un sistema de almacenamiento distribuido, esto es, que divide los datos y los guarda repartidos entre los diferentes nodos del cluster.

Además, es capaz de almacenar la información de forma muy eficiente y guarda "copias" de los datos para garantizar su integridad.

Ahora mismo estarás pensando "ey Isaac, espera un momento que te aceleras, ¿qué es eso de el cluster y los nodos?".

Muy sencillo, decíamos que el truco de Big Data es dividir y paralizar, para ello, la infraestructura se organiza en nodos y clusters.

- Puedes pensar en un nodo como un ordenador individual, que tiene sus procesadores, su disco duro y su memoria RAM
- Un cluster es un conjunto de nodos que trabajan de forma coordinada para almacenar la información y/o realizar el procesamiento

Normalmente hay dos tipos de nodos, que reciben diferentes nombres en función de cual sea la tecnología Big Data (Hadoop, Spark, Storm, etc), pero que genéricamente vamos a llamarlos maestros y trabajadores.

- Los nodos maestros se encargan de dividir, coordinar y distribuir las tareas y los recursos globales en pequeñas partes

- Los trabajadores son los que realizan las diferentes "minitareas" que se les han encargado sobre las "partes" de los datos que se les han asignado

Un cluster estará formado por un conjunto de nodos maestros y trabajadores. Que será mayor cuanto más grande sea la tarea o más rápidamente queramos ejecutarla.

Cluster → Nodos → Maestro / Trabajadores

Se pueden levantar y apagar clusters según la necesidad, así cómo incrementar o disminuir el número de nodos.

Déjame recalcarlo usando el recurso de la repetición y del ejemplo, porque este concepto es importante.

Imagínate que tienes que enfrentarte a una tarea de análisis de datos. Lo primero que haces es levantar un cluster.

¿Que la necesidad de procesamiento no es muy grande? Pues configuras un cluster básico con pocos nodos.

¿Que hay que analizar gran volumen? Pues configuras el cluster con más nodos.

¿Que de repente hay que acabar el análisis antes por algún motivo de negocio? Pues modificas el cluster y metes más nodos

¿Que ya has terminado el grueso del análisis y para lo que falta ya no necesitas tanta infraestructura? Pues reduces el tamaño del cluster y por tanto reduces el coste

¿Que ya has terminado del todo y no vas a necesitar más análisis hasta el próximo mes? Pues apagas el cluster y ya no tienes coste (asumiendo que almacenas los datos en otra ubicación)

¿Se va entendiendo ya todo aquello de escalabilidad, procesamiento a medida, etc?

Bien, pues continuemos con Hadoop.

Hemos descrito ya HDFS, que se encarga del almacenamiento. Pero decíamos que además Hadoop tiene otro componente que se llama MapReduce y que se ocupa del procesamiento.

Realmente **MapReduce** hace dos grandes cosas, por un lado la gestión y planificación de recursos que veíamos antes, y por otro es el motor de procesamiento.

A grandes rasgos el esquema se basa en dos fases Map y Reduce (efectivamente no se han roto la cabeza con el nombre).

En el procesamiento Map se encarga de identificar y distribuir y Reduce de hacer algún tipo de agregación.

Por ejemplo imaginemos la tarea de identificar los nombres más comunes en los nacimientos de un año determinado.

Map se encargaría de separar unos nombres de otros y organizarlos en grupos, y Reduce haría el conteo de cuantas veces aparece cada nombre.

No entraremos más en MapReduce porque es una tecnología que está siendo superada y reemplazada.

Es complicada de programar, de bajo nivel y basada principalmente en Java. Lo que ha provocado que surjan otros lenguajes más fáciles y prácticos que al final acaban generando código MapReduce, pero aíslan al usuario de su complejidad, como Hive y Pig.

Y es que aunque todavía hoy se escucha constantemente el nombre de Hadoop y parece que es rabiosa actualidad, Hadoop "nació" en Enero de 2006, y por tanto ha ido evolucionando.

El esquema que hemos visto hasta ahora de Hadoop entendido como HDFS + MapReduce es el original, o lo que se conoce como Hadoop 1.0.

Pero hace ya unos años surgió la evolución Hadoop 2.0. Qué básicamente introduce un nuevo componente: Yarn.

Yarn viene de "Yet Another Resource Negotiator". Básicamente lo que hace es separar HDFS (el almacenamiento) de MapReduce, (el procesamiento), asumir la tarea de gestión y planificación de recursos que hacía MapReduce y abrir el ecosistema a nuevos componentes.

Y eso fue un avance cualitativo ya que abrió el ecosistema a nuevos participantes, como el también famoso Spark que veremos más adelante.

Así, con Hadoop 2.0 tenemos:

- HDFS como sistema de almacenamiento
- Yarn como gestor de recursos
- Libertad para elegir el motor de procesamiento que queramos: puede seguir siendo MapReduce o se pueden acoplar otros motores más nuevos y eficientes como Spark, Tez, etc

Continuaremos hablando de Hadoop en el futuro, pero a grandes rasgos esto es lo que necesitas saber a un nivel de dirección / gerencial sobre Hadoop como tal.

Y te garantizo que ya tienes una claridad conceptual sobre la foto global de Hadoop mayor que el 90% de los directivos que en algún momento hablan sobre esta tecnología.

Sin duda es el momento de hacer una pausa, tomarte un café y coger fuerza porque todavía nos queda bastante de qué hablar sobre la tecnología de Big Data.

Resto del ecosistema Hadoop: Hive, Pig, Flume, Sqoop

Ya has recuperado energía? Bien, pues sigamos repasando de forma sencilla, conceptual y práctica qué es Big Data desde una perspectiva de negocio.

Ahora vamos a hablar sobre el resto de las principales piezas que componen una típica arquitectura de Big Data.

Además de los ya vistos Hadoop, MapReduce y Yarn, es necesario que conozcas al menos Hive, Pig, así como las tecnologías que se usan en escenarios de tiempo real como Storm, y las bases de datos NoSql como Hbase, Cassandra o MongoDB.

Pero cómo siempre te pongo en el contexto de negocio para que entiendas el por qué de estos componentes.

Hemos visto en las anteriores partes que Hadoop ha sido el padre del Big Data.

Y que Hadoop hacía muy bien una cosa, que era analizar ingentes cantidades de datos aplicando el truco de "dividir y paralelizar".

Esto se ajusta perfectamente a casos de negocio donde haya que aplicar procesamientos sencillos pero sobre grandes volúmenes, y donde el proceso ya está claro, ya se sabe exactamente lo que hay que hacer y sólo es cuestión de "músculo".

Por ejemplo, el procesamiento de logs de grandes sites de internet.

Pero en la mayoría de los casos de negocio la necesidad no está tan cerrada, y se requieren funcionalidades como:

- Organizar la información de Big Data desde las dimensiones de negocio (al estilo DataWarehouse)
- Poder hacer consultas fácilmente sobre la información
- Analizar interactivamente para conocer los datos y buscar patrones que no conocemos
- Acceder o almacenar datos en tiempo real
- Hacer modelos predictivos, machine learning u otras técnicas de analytics avanzado

Y además se requiere hacerlo:

- De manera eficiente: sin tener que escribir cientos de líneas de código para análisis estándar
- Preferiblemente con el equipo humano que ya existe, o si hay que contratar, con habilidades comunes en el mercado como SQL
- Interactivamente: analizar, ver resultados y volver a analizar con tiempos de respuesta viables

Hadoop no es bueno en ninguno de los puntos anteriores.

Y esa es la razón por la que han surgido el resto de tecnologías como Hive, Pig, Storm, y las bases de datos NoSql como Hbase, Cassandra o MongoDB, etc

Un "puzzle" Big Data puede ser algo como el que te muestro a continuación.

Ten en cuenta que no hay un "puzzle" oficial, y que verás miles de versiones, pero si los analizas al final verás que todos tienen más o menos la misma estructura.

Revísalo durante un minuto intentando identificar todas las partes y después sigue leyendo porque quiero que te quedes con un mensaje importante.

No te preocupes si todavía no entiendes nada. Más adelante explicaremos cada componente detalladamente.

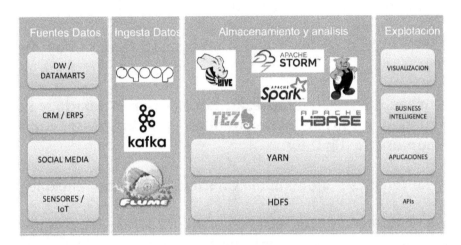

Vale, si has observado la imagen brevemente habrás visto que hay una estructura, que consiste más o menos en:

- Fuentes de datos: puede ser un datawarehouse, datamart, CRM, apis de redes sociales, sensores, o lo que sea
- Adquisición y enrutamiento de los datos: coger los datos de las fuentes y distribuirlos a los componentes de la arquitectura más indicados: Flume, Sqoop, Kafka
- Procesamiento batch: pues eso, procesamiento no en tiempo real: Hive, Pig
- Procesamiento tiempo real: Spark, Storm
- Salida de los insights generados: visualización, aplicaciones, etc

Ahora te voy a desvelar el concepto importante que te adelantaba antes.

Y es el siguiente: este tipo de arquitecturas intentan mostrar la foto global del "puzzle", pero no es necesario incorporar todos esos componentes en todas las empresas o para todos los casos de negocio.

Y este es uno de los grandes problemas actuales con Big Data.

Muchas empresas empiezan la casa por el tejado y se ponen a adquirir o desarrollar una infraestructura completa de Big Data.

Invierten meses montándola y haciendo que todo funcione.

Y cuando por fin han terminado, una vez tras otra surge la misma pregunta. ¿Y ahora qué hago con esto? ¿Cuál es el caso de uso que puedo acometer para justificar toda esta inversión?

Ese no es el proceso correcto para abordar un proyecto de Big Data.

El proceso debe empezar por un caso muy bien definido desde negocio, después seleccionar los algoritmos analíticos a aplicar y sólo al final ver qué soporte tecnológico se debe desarrollar para ello.

Pero me estoy adelantando, de todo este tema hablaremos más adelante cuando lleguemos al capítulo de Gestión de proyectos Big Data.

De momento sigamos con el ecosistema tecnológico, una vez que espero que hayan quedado claras las siguientes conclusiones:

1. No son necesarias todas las piezas de la arquitectura "puzzle" de Big Data
2. Cada pieza surge para solucionar una necesidad, que Hadoop inicialmente no hacía bien
3. En función de cada caso de negocio deberemos "montar" la arquitectura con las piezas necesarias para cubrir los requerimientos de solución que estemos planteando

Bien, si lo anterior ha quedado más o menos claro vamos a continuar con la segunda parte de este capítulo en la que te explico para qué es cada pieza.

Como directivo creo que no necesitas conocer el detalle de programación de las piezas, sino que lo que debes saber es para qué y cuando hay que utilizar cada una de ellas.

Por tanto lo que voy a hacer es describirte a continuación cuales son los componentes más típicos que te vas a encontrar, la necesidad que cubren y para qué se utilizan.

A este nivel me sirve con que entiendas su uso, su posición en el "puzzle" general y su relación con el resto de componentes.

Los componentes que te voy a enumerar son todos bajo el esquema OpenSource (no comerciales).

Yo diría que todos tienen sus correspondientes versiones comerciales en los diferentes proveedores de software como Oracle, HP, Microsoft, Teradata, etc

Pero te voy a explicar los Opensource básicamente por:

- Sencillez conceptual: ya que dado que los proveedores comerciales tienen obviamente diferentes productos con diferentes nomenclaturas sería un lío
- Referencia: casi todo el mundo hace referencia a cada componente por su versión Opensource, que se considera el estándar. Entendiendo el mismo no es difícil después encontrar el equivalente en cada proveedor comercial

Componentes Big Data para acceder y canalizar la información

Una de las características de Big Data es que debe ser capaz de acceder y analizar distintos tipos de información, tanto estructurados como no estructurados.

Por datos estructurados entendemos los que han sido organizados bajo algún tipo de esquema ya predefinido, y todos se adaptan a ese esquema.

El ejemplo más sencillo puede ser el de una tabla, donde todos los datos están organizados en filas y columnas.

El formato de datos estructurados más común en el que se almacena la información en las empresas son las bases de datos relacionales. Que en esencia se compone de un conjunto de tablas unidas por relaciones.

Por ejemplo la tabla de clientes está relacionada con la de productos para recoger qué productos ha comprado cada cliente.

Sin embargo, cuando hablamos de datos no estructurados normalmente nos referimos a información en bruto, que no ha sido organizada bajo ningún esquema concreto. Por ejemplo un artículo periodístico sería un formato de texto no estructurado.

Y además de lo anterior, como ya hemos visto, también debe ser capaz de procesar tanto datos en batch como datos en tiempo real.

Para ello, la configuración tecnológica en el apartado de acceso y enrutamiento de la información más común es:

- Sqoop: http://sqoop.apache.org/. Se utilizar para acceder y cargar al entorno Big Data fuentes de datos estructuradas. Es decir, es el componente que usarías para cargar datos desde un DataWarehouse, Datamart, un CRM, o un ERP por ejemplo. Básicamente lo que hace es aplicar el truco de Big Data "divide y paraleliza" a la carga de información, por ejemplo dividiendo una tabla muy grande en varias partes y lanzando procesos de carga paralelos.
- Flume: https://flume.apache.org/. Se utiliza para la ingesta de información no estructurada o datos en formato de streaming (flujo continuo de datos en tiempo real). Será el componente que uses para incorporar por ejemplo datos de redes sociales, de sensores, de geolocalización, de logs, etc
- Kafka: https://kafka.apache.org/. Es un software de enrutamiento distribuido. Es decir, básicamente lo que hace es que toma la información de las fuentes de datos, la categoriza en lo que se llaman topics, y la almacena temporalmente hasta que es consumida por otro de los componentes que esté interesado en ese topic concreto. Por tanto permite mucha flexibilidad para organizar la

entrada de la información al entorno Big Data. Se usa principalmente para casos de tiempo real y en muchas ocasiones hace muy buen equipo con Storm.

Componentes Big data para el procesamiento batch

El procesamiento batch es básicamente el que se encarga de procesar los mayores volúmenes de información sin necesidad de que sea en tiempo real.

Este es el reino de Hadoop. El resto de componentes de este apartado han surgido para, actuando sobre Hadoop, complementarlo en las cosas que éste no hace tan bien.

Los principales son:

- Hive: https://hive.apache.org/. Surge para solucionar dos problemas. Por un lado la necesidad de tener organizada la información en Hadoop desde una lógica más cercana al negocio. Al estilo de lo que los usuarios están acostumbrados. Es decir, al estilo de un DataWarehouse.

  Y el segundo problema es que la programación en MapReduce es compleja y no está muy extendida entre los profesionales analíticos.

  Así que puedes pensar en Hive como una capa sobre Hadoop que te permite por un lado organizar la información como en un DataWarehouse y por otro consultarla en SQL (realmente un pseudo SQL) en lugar de MapReduce. Permitiendo así que el entorno Big Data sea mucho más fácil de explotar por equipos analíticos existentes o perfiles más tradicionales.

En el fondo Hive lo que hará es ser el traductor hacia Hadoop, transformará el SQL a MapReduce y buscará la información en HDFS, pero todo esto será transparente para el analista que sólo se tiene que preocupar de hacer la consulta.

- Tez, Impala: aunque Hive presenta una gran ayuda para analizar datos sobre Hadoop sólo cubre una de las formas típicas de explotación, que es la de "lanzo consultas sobre procesos que ya más o menos conozco y analizo sus resultados o construyo informes". Y aunque gracias a usar Big Data haya logrado que este proceso esté listo en horas en lugar de un días esto sigue siendo ineficiente para casos de "descubrimiento", donde quiero lanzar consultas, ver que sale, modificar la consulta y volver a analizar interactivamente.

  Para poder hacer un análisis interactivo, el analista puede esperar en el orden de segundos para cada consulta de este proceso, pero si cada una ya tarda en el orden de minutos eso no es eficiente.

  Por eso se crearon tecnologías como Tez o Impala, que básicamente consiguen que puedas hacer análisis contra Hive o Hadoop obteniendo resultados en segundos.

- Pig: https://pig.apache.org. Otro de los problemas de Hadoop es que, si ya de partida MapReduce es complejo para hacer un proceso, todavía se complejiza más al hacer cadenas de procesos. Por ejemplo, imagina un proceso en el que accedes a unos datos, les aplicas procesos de limpieza y calidad de datos, después los agregas, después creas nuevas variables derivadas de las originales y después los organizas en un formato tabular para aplicar modelos de machine learning.

Con MapReduce eso sería un trabajo amplio y complejo. Pig ha sido desarrollado para hacer mucho más fácil esas cadenas de procesos, o lo que se llaman "pipes" en inglés. Pig tiene una serie de operadores en su lenguaje Pig Latin bastante intuitivos, por ejemplo LOAD, DESCRIBE, FILTER, GROUP BY, etc, que después internamente transformará a MapReduce, haciendo mucho más accesible generar esos flujos de procesos de datos.

Muchas veces hay confusión entre Pig y Hive, porque básicamente ambos te ayudan a evitar las complejidades de MapReduce, pero realmente sus usos son diferentes.

Puedes quedarte con que Hive te ayuda más a organizar la información y consultarla al modo "SQL tradicional", mientras que Pig te ayuda a hacer procesos complejos de cadenas de transformación de datos para limpiar, crear nuevas variables, etc.

Del procesamiento batch al tipo real: Storm y NoSql

Lo que hemos visto hasta ahora aplica a casos en los que accedemos a la información, la incorporamos al entorno big data, y la almacenamos para su posterior análisis.

Sin embargo hay otros casos de negocio en los que se necesita hacer algún tipo de análisis o una toma de decisión en tiempo real.

Por ejemplo, personalización publicitaria en tiempo real en una web, análisis de la probabilidad de fraude de una operación, visualización y control de mercancías o transporte, monitorización de riesgos de accidentes, etc.

En terminología Big Data esto se conoce como **streaming**.

Que básicamente significa la capacidad de acceder a los datos en el momento en el que se están generando, procesarlos en tiempo real y emitir algún tipo de salida o acción en el momento.

Ya hemos visto dos tecnologías que se usan en escenarios de streaming que son Flume y Kafka.

Pero además tradicionalmente se ha empleado también el siguiente componente: Storm (http://storm.apache.org)

Storm

Storm, al igual que los casos anteriores, es una tecnología distribuida, pero además con la característica de que está diseñada para trabajar en tiempo real, permitiendo millones de procesos por segundo y nodo.

De forma sencilla se podría decir que Storm tiene dos componentes. Los Spouts, que básicamente son conectores a las fuentes de datos. Y los Bolts que son unidades que hacen algún tipo de procesamiento.

Al conjunto de Spouts y Bolts organizado con una finalidad se le llama topología.

Cada componente dentro de la topología hará una serie de operaciones y le pasará su resultado al siguiente componente. De esta forma se pueden crear topologías para resolver en tiempo real procesos complejos.

Veámoslo en un gráfico, esto es una topología donde las S representan los Spouts, es decir por donde vienen los datos por ejemplo de una red social, o de una página web, y las B representan los Bolts, es decir las operaciones que se realizan en el proceso.

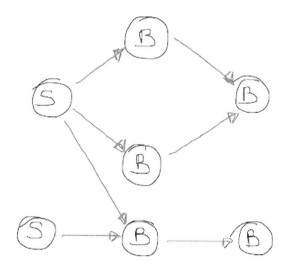

Por ejemplo, en el caso de la personalización publicitaria que citaba antes una topología podría estar compuesta de unos Spouts que recojan información de la navegación en tiempo real del cliente y otros de la información histórica almacenada en una NoSql. Luego otros Bolts agregan datos en ventanas temporales, por ejemplo número de clicks. Otros analizan con text mining el contenido de las webs visitadas y extraen tags, otros crean nuevas variables y finalmente otros aplican un modelo predictivo para seleccionar el anuncio más adecuado.

Por último hay otra pieza del "puzzle" que tiene mucha importancia para ciertos casos de usos, y son las bases de datos NoSql.

Como todo lo visto hasta ahora este componente viene a cubrir otro de los problemas que Hadoop no resuelve satisfactoriamente.

Se trata de la situación en la que se necesitan accesos puntuales, aleatorios y frecuentes de lectura o escritura para recuperar o guardar información.

En palabras normales lo que significa es que Hadoop no es bueno para guardar un dato determinado, por ejemplo si el cliente que está en la web ha descargado un contenido concreto.

Ni tampoco para leer un dato determinado. Por ejemplo, quiero recuperar en tiempo real qué otros contenidos ha descargado anteriormente para hacer una oferta personalizada.

En este punto concreto Hadoop es como las antiguas imprentas. Lleva una maquinaria pesada que si la enciendes es para imprimir miles de copias.

Si sólo quieres unas decenas de copias no compensa arrancar las máquinas.

Hadoop es similar, arráncalo para procesar gran cantidad de información, pero para pequeños y rápidos accesos no se comporta bien.

Para esto, entre otras cosas, se comenzaron a utilizar las NoSql.

Lo primero es aclarar que el nombre NoSql no viene de que sean lo contrario de las bases de datos SQL. Lo que significa es Not Only Sql, en el sentido de que no se limitan a las restricciones que tienen las bbdd relacionales tradicionales.

Una NoSql no utiliza los modelos de entidad relación, reglas de normalización, etc de las bases de datos relacionales.

Si no que utiliza diferentes mecanismos de almacenamiento que ahora te describiré brevemente, pero lo que más nos interesa en este punto es que añaden casos de uso que el resto del ecosistema Hadoop no resuelve bien, y que son distribuidas, y por tanto escalables a cualquier tamaño de problema.

Básicamente quédate con que hay 4 grandes tipos de bases de datos NoSql, que son un mundo en sí mismas y no toca ahora entrar en detalle.

Sin embargo sí me interesa sobre todo que te quedes con el aporte de negocio de las NoSql en general y de cada tipo en particular, que te cuento a continuación.

El gran aporte general en una arquitectura Big Data es que nos dan la capacidad de consultar y escribir con accesos aleatorios en tiempo real y sin necesidad de seguir un esquema (un modelo de cómo se estructuran los datos) fijo.

Lo primero, acceso en tiempo real, ya sabemos que Hadoop no nos lo da.

Y lo segundo, "no esquema prefijado", una base de datos relacional tampoco nos lo da.

Por tanto nos permiten nuevos casos de uso.

Como te decía antes, hay 4 grandes tipos de NoSql. Aquí te los explico brevemente y te digo también para qué caso de uso recomiendo cada tipo.

- **Clave-valor**: bbdd muy sencillas que guardan la información con estructura de clave-valor, lo cual las hace idóneas para situaciones en las que sólo haya que consultar o escribir datos, sin pedirle más complejidad adicional a la base de datos. Un ejemplo de caso de uso sería ese sistema de personalización publicitaria que antes veíamos con Storm, donde nosotros tenemos ya construidos una serie de insights sobre los clientes en offline. Y los almacenamos en una NoSql de tal forma que el proceso de Storm puede recuperar en tiempo real datos sobre el cliente que tiene en la web y tomar una decisión. La más definitoria de este estilo es probablemente Redis.

- **Columnar**: son las hermanas mayores de las Clave-valor. Organizan la información en columnas en lugar de filas, lo cual las hace muy eficientes para consultas analíticas de agregación sobre grandes volúmenes, además de la propia consulta clave-valor. Ejemplos de este tipo son Cassandra o Hbase. Los casos de uso son los de las Clave-valor pero en escenarios en los que además necesites algo más de la base de datos que sólo recuperar la información.

- **Documentales**: almacenan la información como un documento. Por ejemplo en XML o JSON. Pueden responder a clave-valor y también a análisis un poco más complejos. A nivel práctico funcionan muy bien por ejemplo cuando trabajas con información no estructurada como tweets, textos de páginas web, etc. La más conocida es probablemente MongoDB

- **Grafo**: organizan la información como una red, con nodos (que serían los objetos, personas, empresas o lo que se quiera representar con sus propiedades) y relaciones (lo que une a los nodos). Son muy eficientes para ciertos casos de uso porque utilizan la teoría de grafos para optimizar las consultas. A nivel práctico se utilizan sobre todo en casos de optimización de rutas, análisis de fraude, social network analytics u otros desarrollos analíticos que son poco frecuentes y muy especializados. La más conocida de este tipo es Neo4j.

Creo que no necesitas más sobre las NoSql, ya que a partir de aquí ya sería entrar en el detalle técnico de cada una.

Resumiéndote lo más importante: las NoSql nos permiten almacenar información, pudiendo hacer lecturas y escrituras de datos individuales y trabajando en tiempo real. Complementan muy bien a Hadoop porque éste no es bueno para dichas tareas. Hay 4 grandes tipos, y ya conoces los nombres concretos de las más representativas de cada tipo así como su uso recomendado.

Continuemos con otros componentes Big Data.

Casi te puedo leer la mente, y estoy seguro de que hace ya unos minutos que te estás preguntado: "Pero, a todo esto, y ¿eso de Spark qué es? Lo oigo mucho últimamente y todavía no me has hablado de ello"

Efectivamente, es una gran pregunta, te cuento.

Otro de los problemas iniciales de Hadoop es que realiza su procesamiento accediendo a disco lo que le hace ser más lento.

"Pero, ¿cómo que lento? No decíamos que con Hadoop hago en una hora lo que antes hacía en un día?"

Sí, y eso es cierto, pero cómo hemos visto Hadoop consigue eso dividiendo y paralelizando, pero todavía existe la posibilidad de procesar aún más rápido si se trabaja en la memoria en lugar de en el disco, o al menos en un híbrido inteligente entre memoria y disco.

Y así nació Spark. Como un sistema de Big Data en memoria y distribuido.

Spark realiza los trabajos unas 80 veces más rápido que Hadoop.

Pero además de la mejora en velocidad, Spark añade otra característica muy importante, que está relacionada con la complejidad del ecosistema Hadoop.

Antes veíamos que si queremos hacer análisis SQL sobre Hadoop tenemos que incorporar otro componente (Hive).

Si queremos tiempo real tenemos que incorporar por ejemplo Storm.

Si queremos programar en un lenguaje de más alto nivel y más sencillo tenemos que incorporar Pig.

Y si queremos desarrollar algoritmos de advanced analytics y machine learning tenemos que incorporar otras herramientas como R, Python o Mahout, a las que hay que hacer un ejercicio de "fontanería" para usarlas.

Spark quiere solucionar esa complejidad incorporando dentro de si mismo la mayoría de las funcionalidades que vamos a necesitar en un entorno de Big Data con componentes como SparkSQL para consultas y análisis interactivo, SparkStreaming para tiempo (casi) real, SparkML para machine learning, además de un lenguaje de alto nivel como Scala para cosas varias y una integración nativa para Python y R.

Por todo ello, desde mi punto de vista, **Spark es el entorno Big Data de los próximos años** y por ello le dedicaremos un capítulo en exclusiva.

La siguiente generación: Spark

En el capítulo anterior hicimos una introducción a Spark.

Dijimos que esta tecnología surge con la idea de aprovechar el concepto de procesamiento distribuido como en Hadoop, pero que además introduce la mejora del procesamiento en memoria.

Con ello, Spark consigue reducir hasta en 80 veces los tiempos de ejecución de Hadoop.

Además, decíamos que también aporta una serie de ventajas cualitativas como:

- Cobertura de casos de uso todo en uno: SQL, análisis interactivo, tiempo real y análisis de redes (grafos)
- Sencillez de programación en Scala: lenguaje de más alto nivel que MapReduce
- Mejor integración que Hadoop para lenguajes más orientados a Advanced Analytics como Python o R

Como ya sabes no es el objetivo de este libro entrar en los aspectos técnicos sobre cómo funciona Spark internamente, su arquitectura, etc. Te dejo el link oficial del proyecto por si quieres ampliar información en ese aspecto: https://spark.apache.org/

En su lugar te voy a ampliar los conceptos prácticos que, como directivo, en mi opinión debes conocer sobre Spark.

Lo primero es entender bien qué es y cómo se usa.

Podríamos definir Spark como un motor de procesamiento distribuido en memoria en clusters big data para grandes volúmenes de información.

Por lo tanto podríamos compararlo con Hadoop, pero no al 100%.

Si recuerdas, en los primeros capítulos, decíamos que Hadoop (en su planteamiento inicial) tenía dos componentes:

- El almacenamiento: con HDFS
- El motor de procesamiento: con MapReduce

Spark sería más asimilable a MapReduce.

De hecho, en muchas de las arquitecturas de proyectos Big Data, y gracias a Yarn (¿te acuerdas?) Spark sustituye a MapReduce como motor de procesamiento para analizar los datos que están almacenados en HDFS.

En este sentido Spark es muy flexible. Puede funcionar por si sólo (sin estar en un ecosistema Hadoop), o de forma coordinada con Hadoop como acabamos de decir.

Y puede ser usado para acceder a datos que estén en cualquier otra parte de la plataforma Big Data: HDFS, bases de datos NoSql, Hive, o fuera de ella: archivos locales, cloud (por ejemplo Amazon S3), etc.

Spark (igual que Hadoop) puede ser instalado on-premise, es decir, en la infraestructura técnica propia de una empresa, o desplegado en cloud. No entraré más por ahora en esto porque tendrá su propio capítulo.

Con Spark un analista de datos podrá cubrir prácticamente cualquier caso de uso Big Data sin necesitar nada más:

- Puede acceder a cualquier fuente de datos
- Puede realizar procesos de limpieza y "tuberías" (encadenamientos de varios procesos que suelen ser necesarios para realizar transformaciones y preparación de datos) de forma eficiente y relativamente fácil con Scala
- Puede hacer consultas en SQL
- Puede hacer análisis interactivo sobre datos en memoria de forma muy eficiente
- Puede dar soporte, sin necesidad de otro componente ni de un lenguaje diferente, a casos de uso que necesiten de operación en tiempo casi-real
- Puede desarrollar algoritmos de machine learning con su propia librería, con librerías externas como H2O (otro conjunto de algoritmos opensource optimizados para big data que consigue modelos bastante precisos, https://www.h2o.ai/) o hacerlo en lenguajes mejor conocidos para el analista como Python o R
- Puede conectar herramientas tradicionales de Business Intelligence para visualización de datos, reporting, etc.

Por todo ello Spark es actualmente el motor de referencia para el procesamiento Big Data y cada vez va sustituyendo en mayor medida a componentes basados en el ecosistema Hadoop.

También porque una de las grandes necesidades que tiene Big Data como sector o mercado es la de simplificarse.

Simplificar su instalación y configuración.

Simplificar su uso.

Simplificar su automatización y la transferencia entre desarrollo y producción.

Simplificar la integración con los procesos de negocio.

Y Spark, entre otros factores de los que hablaremos después como cloud o plataformas, también sigue esta línea.

Y después de Spark: ¿Flink?

Aunque Spark representa un salto cualitativo sobre Hadoop tampoco es perfecto.

La mayor debilidad que tiene Spark actualmente es que no es capaz de trabajar en un tiempo real, sino en un "casi-real".

Lo que este concepto quiere decir en la práctica es que Spark no trabaja realmente con cada evento individual en su procesamiento streaming.

Recordemos que streaming es un flujo continuado de eventos. Por ejemplo sensores que están continuamente captando y enviando información como temperatura, humedad, nivel de ruido, etc.

Como decíamos, Spark no analizaría en este caso cada envío individual de esos sensores, si no que trabaja con "micro-batches". Es decir, agrupa varios eventos que se producen bien en una ventana temporal (por ejemplo todos los que se hayan producido en un segundo) o bien por número de eventos (por ejemplo espera a los 20 eventos y trátalos como un micro-batch).

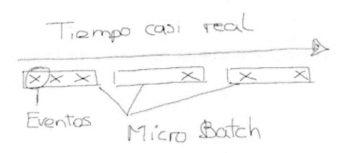

Hay nuevas tecnologías que ya superan este problema, la más conocida es Flink (https://flink.apache.org/). Por lo que se comienza a hablar de que Spark podría ser sustituido en el medio plazo.

En mi opinión, aunque es cierto que esa limitación de Spark deja fuera algún caso de uso, que además no suelen ser de las aplicaciones más frecuentes en proyectos Big Data, no es suficiente como para pensar en una sustitución a corto - medio plazo.

Que una tecnología sea sustituida depende de muchos más factores. Entre otros su presencia actual en el mercado, los profesionales formados disponibles, los casos de éxito ya demostrados, las empresas que la comercialicen y den soporte, etc.

Por lo que, a nivel práctico, mi apuesta es que Spark será la tecnología de referencia para Big Data en los próximos años y mi recomendación para las empresas que quieran plantearse una tecnología Big Data actualmente.

Hasta aquí el repaso sobre las tecnologías que actualmente debes conocer y entender en el ecosistema Big Data.

¿Qué tal? Es un poco lío verdad. Pero no te desesperes. Te he preparado una pequeña chuleta para que puedas consultar rápidamente el uso principal de cada tecnología de un vistazo.

Está en la siguiente página. Márcala y tenla siempre a mano.

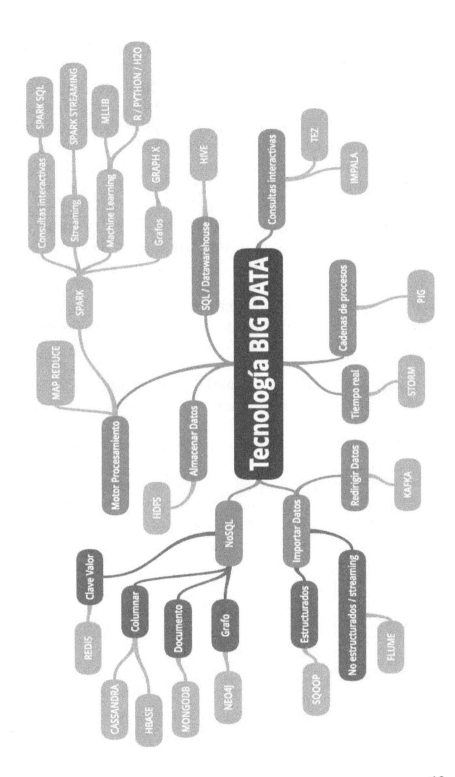

63

Ahora bien, una vez entendida la foto global, y para qué sirven cada uno de los componentes por separado, la siguiente duda lógica a resolver sería: "Esto está muy bien, pero.... ¿esto cómo se monta?", "¿necesito bloquear a mi departamento de sistemas durante 6 meses para montar todo esto?", "¿yo como director de Marketing o responsable de negocio puedo explotar de manera autónoma este tipo de tecnologías?"

Lamentablemente no existe una respuesta directa para este tipo de preguntas, sino que depende mucho de cada caso concreto. Por lo que no puedo darte una solución única.

Pero sí puedo explicarte las diferentes opciones disponibles para que puedas analizar en tu caso cual te puede interesar más.

También te contaré las fortalezas y debilidades de cada opción, y mi recomendación para algunos casos generales.

Principalmente tendrás que tomar <u>dos grandes decisiones</u>:

1. On premise Vs Cloud: es decir si lo montas sobre tu propia infraestructura o en la nube. También hay una opción híbrida como veremos después
2. Si lo montas desde cero Vs instalas / contratas una distribución

Cómo operativizar una plataforma Big Data: On Premise Vs Cloud

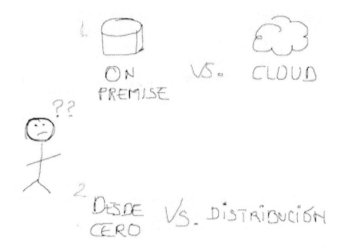

Todos los componentes tecnológicos que hemos visto hasta ahora pueden ser instalados tanto en infraestructura propia como en servicios cloud.

Un pequeño inciso para recordar en palabras llanas qué es cloud. Se habla de cloud o de "la nube" cuando los servidores que soportan los datos y aplicaciones no están en la propia infraestructura de la empresa, sino que están normalmente repartidos por diferentes geografías y coordinados por una red global.

Es posible que las empresas también tengan su propio cloud, lo que se llama un cloud privado. Pero a efectos de este libro hablaremos de una instalación on premise cuando las máquinas están en la propia infraestructura de la empresa y hablaremos de cloud cuando es un servicio proporcionado por un tercero con las características que definimos en el párrafo anterior.

Existen varios proveedores de servicios cloud para Big Data, los más conocidos son:

- Amazon AWS con servicios como S3 (almacenamiento), EC2 (máquinas virtuales), EMR (clusters Big Data), Kinesis (tiempo real), etc.
- Microsoft Azure con servicios como Azure Data Lake (almacenamiento y análisis básico), HDInsight (clusters Big Data), Azure Machine Learning, etc.

El cloud es una alternativa realmente muy interesante por los siguientes factores:

- La facilidad de instalación es significativamente superior. De hecho no se necesitan conocimientos técnicos (aunque sí funcionales) para levantar un cluster big data en servicios como los que después comentaremos.
- Flexibilidad: en cloud puedes levantar un cluster big data en aproximadamente 15 minutos, usar lo que necesites y apagarlo al terminar. Incluso puedes programar estas tareas para trabajos ya planificados y simplemente controlar que todo funciona correctamente
- Escalabilidad: puedes modificar dinámicamente el tamaño del cluster. Si necesitas más procesamiento lo subes, si no necesitas tanto lo bajas
- Coste: todo lo anterior hace que el ahorro de costes sea muy importante, ya que sólo pagarás de forma variable por lo que necesites en cada momento, sin tener estructuras de costes hundidos
- Mantenimiento: las tecnologías Big Data están en constante evolución. En cloud te olvidas de esto, simplemente arrancas y funciona

Por el contrario el cloud también tiene una serie de debilidades asociadas. La más importante en mi opinión es el temor de las empresas a que sus datos estén fuera de sus infraestructuras.

Los grandes proveedores de cloud por supuesto tienen medidas de seguridad al más alto nivel, pero la empresa siempre tiene esa incertidumbre de "ya, pero es que mis datos están fuera de mi espacio...".

Además está el problema de la localización de los servidores. La legislación en materia de protección de datos no es la misma en US u otras partes del mundo que en Europa/España. Por lo que es buena práctica asegurarse de que los servidores en los que se alojen los datos estén físicamente en una geografía que se rija por leyes de protección de datos similares a las del país origen de los mismos.

Por su parte, la instalación on premise (en tu propia infraestructura) elimina este problema de la seguridad / riesgo legal. Pero a cambio pierdes las fortalezas del cloud:

- Instalación: estas tecnologías son complejas, necesitarás arquitectos Big Data, tanto para la primera configuración como para los evolutivos que el negocio vaya necesitando
- Flexibilidad y escalabilidad: debes calcular con mayor nivel de detalle el uso que vas a necesitar para estimar muy bien la infraestructura. Cuidado con esto que lo he visto en primera persona. En una empresa en la que trabajaba se hizo una estimación inicial de la infraestructura necesaria para dar una serie de servicios. Los servicios funcionaron bien en el mercado y creció la demanda, y lo que debería ser lógico "si hay demanda puedo comprar más infraestructura porque sé que la voy a rentabilizar", por magia de los procedimientos de las

grades empresas no lo es tanto, "no estaba en el presupuesto", "debe pasar el procedimiento de aprobación en el comité trimestral", ... Y al final tienes que ver cómo se te escapa el potencial revenue de nuevas soluciones por delante de tu mesa sin poder hacer nada. Y ese es el caso menos, imagina el contrario, que realmente no usas todo lo comprado y el "proyecto Big Data" no sale rentable.

- Coste: para las grandes empresas (bancos, eléctricas, etc.) una instalación on premise saldrá a la larga mejor en términos de coste. Para las pequeñas no. ¿Dónde está el corte en esa escala? Debes evaluarlo para tu caso concreto en función de todo lo que hemos hablado

- Mantenimiento: la opción on premise requiere una serie de recursos dedicados al mantenimiento. Ya no se trata sólo de la actualización de cada componente, instalación de nuevos componentes, etc. sino también de que al final suelen existir problemas de compatibilidad de las nuevas versiones de unos componentes con las de otros componentes. En este aspecto todavía los productos Big Data, especialmente los open source, están en un estado no maduro.

On Premise	Característica	Cloud
	Instalación	
	Flexibilidad	
	Escalabilidad	
	Coste	
	Mantenimiento	
	Riesgo legal	
	Control	

Distribuciones:

Para solucionar algunos de los problemas anteriores surgen las distribuciones que no son más que "packs" de los diferentes componentes técnicos que ya hemos visto: Hadoop, Hive, Pig, Storm, NoSql, etc. que facilitan su instalación y uso, y que solucionan los problemas de compatibilidades entre los diferentes componentes.

Normalmente estas distribuciones suelen tener dos versiones.

Una versión "comunidad", que es plenamente operativa y que recoge los principales componentes opensource del ecosistema Big Data.

Y una versión empresarial que añade ciertos elementos de productividad para facilitar y acelerar el trabajo, capas de seguridad a nivel empresarial y soporte.

Existen varias distribuciones y es un mercado creciente, pero a fecha de la escritura de este libro las dos más importantes que debes conocer son Hortonworks y Cloudera.

Ambas son bastante similares, cambian en algún componente de la parte opensource y añaden cada una sus capas propietarias de valor añadido para la versión comercial.

Realmente son una alternativa muy interesante para reducir la complejidad de puesta en marcha y de mantenimiento de un ecosistema Big Data.

Además pueden ser tanto instaladas en la propia infraestructura de la empresa como levantadas según necesidad en los principales servicios cloud como Azure o AWS.

Hortonworks

Hortonworks https://es.hortonworks.com/ divide su solución en dos productos principales:

- Data Platform (HDP): destinada al análisis en batch
- Data Flow (HDF): destinada al análisis en streaming

HDP está basada en Yarn. ¿Te acuerdas de Yarn? Básicamente es el componente que surgió con la segunda reléase de Hadoop y que permitía separar el almacenamiento (HDFS) del procesamiento (MapReduce) y por tanto incluir nuevos componentes al ecosistema. Se suele decir que Yarn es el "sistema operativo del entorno Big Data".

HDP usa esta aproximación entre otras cosas para introducir Spark de forma coordinada con el resto de elementos.

Lo que quiere decir es que en la distribución de Hortonworks tenemos disponible tanto los componentes clásicos Hadoop (Hive, Pig, …) como Spark, NoSql, etc.

En el siguiente esquema se puede ver de forma gráfica este planteamiento.

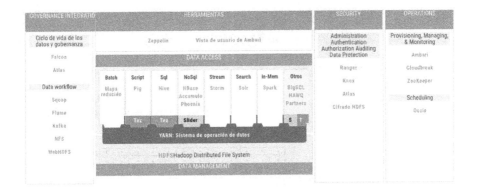

Fuente: Hortonworks

Seguramente ahora estarás pensando: vale, ya entiendo lo que trae y los beneficios de que todo esté conectado y actualizado etc, pero ¿esto cómo se usa?

HDP incorpora una aplicación que permite una explotación, con una interfaz visual, tanto para tareas de provisión y mantenimiento como para tareas de análisis.

Se llama Ambari.

Ambari permite gestionar los diferentes componentes que tienes instalados, encenderlos o apagarlos, gestionar la seguridad o monitorizar el estado de los clusters y procesos.

Creo que la mejor manera de entenderlo es verlo. La siguiente imagen (*fuente: Hortonworks*) te muestra una pantalla de Ambari.

En el menú de la izquierda puedes ver los diferentes componentes y unos iconos que nos indican su estado: si están encendidos, si necesitan algún mantenimiento, etc.

En el menú superior que viene marcado con un 2 puedes ver que esta pantalla es la del cuadro de mando, pero tienes otras secciones con diferentes opciones de gestión. Dentro de unas líneas veremos la parte de services, que es la que nos interesa analíticamente.

En la sección central de la pantalla puedes monitorizar de manera visual diferentes kpis de seguimiento del uso del espacio, de la memoria, etc.

Con esta parte que hemos visto de Ambari gestionas lo que es la infraestructura, los clusters, los servicios, ... Es decir, preparas el entorno para hacer el análisis de datos.

Para el análisis propiamente dicho, Ambari tiene otros interfaces que nos ayudan.

Por ejemplo podemos navegar por los datos que están en HDFS con una especie de "explorador del Windows", cargar datos desde local a HDFS con menús gráficos, o tener una interfaz visual a los servicios de análisis (Hive, Pig, ...).

En esta última parte cuidado! Aunque te digo que tienes una interfaz gráfica de acceso y gestión de esos servicios, pongamos de ejemplo Hive, por ahora sigues teniendo que hacer las consultas analíticas con código (en ese caso el SQL de Hive, o si fuera Pig en su lenguaje Pig Latin, etc). No existe una opción 100% para un analista de negocio que no sepa nada de código.

Con la siguiente captura de pantalla lo vas a entender perfectamente.

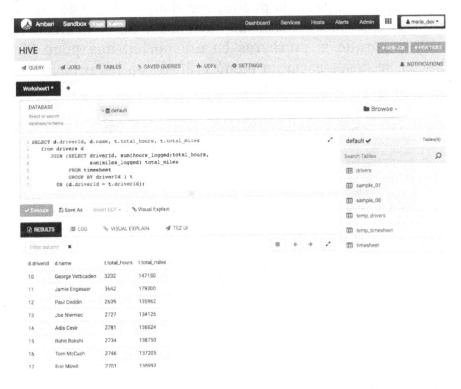

Fuente HortonWorks

Como ves en la esquina superior izquierda estamos dentro de Ambari, y justo debajo ves HIVE. Si quisiéramos analizar con Pig tendríamos una interfaz similar.

Ves que tienes algunos menús para gestionar los Jobs (los procesos analíticos que has lanzado), las tablas que existen en el sistema, guardar las consultas que uses más frecuentemente, crear funciones definidas por el usuario (UDFs) por si quieres hacer análisis no estándar, o configurar el entorno.

Pero en la sección central ves que el analista tiene que introducir el código HiveQL para lanzar las consultas, y en la parte de abajo se muestran los resultados.

En la siguiente pantalla puedes ver el equivalente de Pig. A resaltar que en este caso nos ayuda un poco más con el código porque si pincharas en esa opción que pone Pig helper se desplegaría un menú gráfico con los principales operadores que puedes usar.

Fuente HortonWorks

Otra cosa un poco más avanzada, pero que me parece que es interesante resaltar brevemente, es que, si recuerdas cuando hablábamos de Hadoop y Hive decíamos que tenían dos problemas:

- No eran buenos para trabajos pequeños: "arrancar las rotativas"
- No eran buenos para queries interactivas

Esta distribución de HDP ha introducido algunas tecnologías como Tez y LLAP para intentar solucionar esos problemas. De tal forma que actualmente ya es posible usarlos para trabajos "pequeños" (dentro de lo que es Big Data) y para análisis interactivo de forma más eficiente.

Por último decir que para el desarrollo de modelos más avanzados y machine learning HDP provee de Zeppelin, que es un notebook que permite programar en diferentes lenguajes como Python, Scala, etc.

Simplemente porque será una palabra que seguramente escucharás frecuentemente en el futuro te cuento en un par de párrafos qué es un "notebook".

Es una interfaz para programar que ofrece características interesantes como que puedes alternar secciones de código con secciones de texto, por ejemplo para explicar lo que estás haciendo o sus resultados.

O también como que, sin cambiar de interfaz, puedes cambiar el motor analítico, y por tanto por ejemplo hacer una preparación de datos con Scala, acto seguido lanzar unas consultas de SQL y sobre esos datos hacer un modelo en R, todo sin tener que cambiar de entorno ni migrar datos.

Además ofrecen unas básicas capacidades de visualización para el análisis gráfico.

Te pongo una pantalla de Zeppelin para que te hagas una idea.

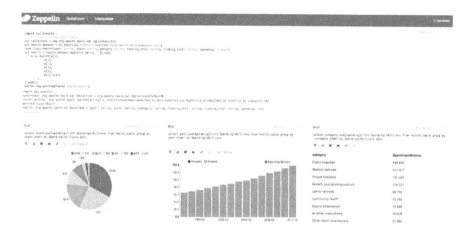

Fuente HortonWorks

El segundo producto que ofrece Hortonworks es Data Flow (HDF), que decíamos que estaba destinado a dar cobertura a casos de uso de tiempo real o streaming.

Los productos de streaming (Kafka, Storm, etc...) siempre han tenido un "sabor" un poco diferente al resto de componentes de Big Data.

No sabría explicarte por qué, pero siempre he percibido un pequeño regustillo a "pegote", como que no siguen las mismas lógicas que el resto.

Quizá sea porque mi background personal es de negocio y analítico, no técnico. Y mientras que la curva de acceso a tecnologías como Hive, Pig, Spark para un analítico es aceptable (SQL, lenguajes de alto nivel), en el caso del streaming se nota que es un mundo mucho más técnico que te lleva constantemente al Linux, Java, Maven, etc.

Creo que en Hortonwoks han detectado este problema, ya que la forma en la que intentan abordar su HDF intenta claramente traer el mundo del análisis del tiempo real al analista de negocio.

Para ello han apostado por una interfaz de gestión visual estilo Ambari, que se llama Streaming Analytics Manager.

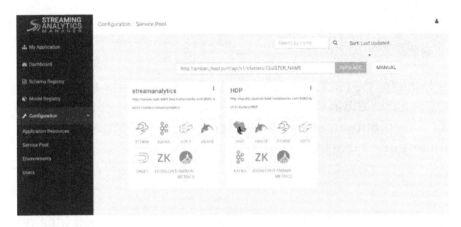

Y para el desarrollo de los procesos analíticos también han apostado por una interfaz gráfica del tipo "arrastrar y soltar" que permite configurar los flujos de datos y análisis de forma totalmente visual como ves en la siguiente imagen (*Fuente HortonWorks*)

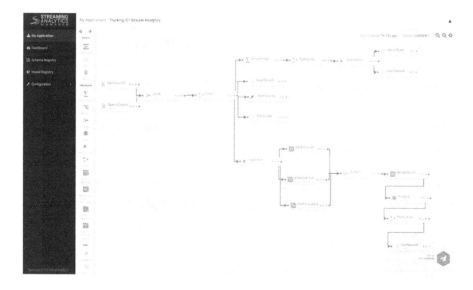

A la fecha de escritura de este libro creo que la experiencia de usuario todavía es un poco "áspera", pero en mi opinión es un planteamiento muy acertado y seguramente irá mejorando en el corto plazo.

Cloudera

Cloudera es la otra gran plataforma que ofrece esta idea de facilitar la instalación, configuración, mantenimiento y explotación del ecosistema Big Data.

Al igual que Hortonworks sigue la filosofía de integrar los principales componentes opensource para después, en su versión empresarial, añadir capas de productividad.

Puedes ver el esquema de Cloudera en la siguiente imagen.

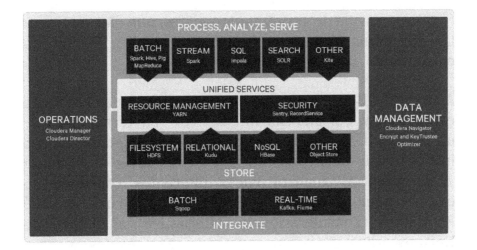

Fuente Cloudera

Como observarás realmente es muy similar a Hortonworks, por lo que no voy a entrar al mismo detalle en la descripción, ya que las explicaciones conceptuales vistas en Hortonworks son perfectamente válidas aquí.

Lo que sí voy a hacer es repasar brevemente la configuración de esta plataforma y revisar su propuesta y estructura.

El producto base de Cloudera se llama Enterprise Data Hub.

Cumple todos las características esperadas en un producto de este estilo:

- Opción OnPremise/cloud/híbrida (la que tiene parte en la infraestructura de la empresa y parte en cloud de manera orquestada)
- Escalabilidad y flexibilidad
- Diferentes fuentes de datos
- Batch y tiempo real
- Etc.

El CDH se forma de varios componentes, que dan servicio a las diferentes formas de explotación que ya hemos ido comentando. Los revisamos:

Analytical DB es el componente encargado de las consultas estilo SQL y del análisis interactivo. La tecnología que utiliza Cloudera para conseguir la funcionalidad de análisis interactivo, es decir, consultas que se resuelven muy rápido y permiten al analista hacer diferentes consultas de descubrimiento, ensayo y error, etc. se llama Impala. Podríamos considerarlo la alternativa al LLAP de Hortonworks.

Para el análisis streaming y real time tienen el componente que llaman Operational DB. Que se basa en Kafka para la ingesta de datos, Hbase para el almacenamiento NoSql, Kudu para el relacional y Spark streaming para el procesamiento.

Pequeño paréntesis: ¿No es increíble la soltura con la que ya estamos hablando en estos términos? Eso significa que nuestro viaje va por buen camino. Continuemos.

Para advanced analytics y machine learning Cloudera tiene un producto muy interesante que se llama Data Science Workbench.

Realmente este producto viene de la compra de Sense.io por parte de Cloudera hace unos meses y se nota el "saborcillo" diferente.

Más adelante, en la sección de Analytics, entraré más en detalle pero ya te anticipo aquí la siguiente idea:

Hasta ahora hemos visto como plataformas Hortonworks y Cloudera, porque estamos en la parte del libro en la que revisamos la tecnología.

Pero también han surgido últimamente otras plataformas Big Data que nacen, no desde la tecnología, sino desde la necesidad del analista.

Esto no significa que Hortonworks y Cloudera no den servicio al analista, que sí lo hacen, ya que al final el mercado lleva a todas las plataformas hacia un espacio común.

Pero sí se nota, en ciertos detalles, ese "sabor" de las que surgen inicialmente para ayudar con la parte de tecnología y las que surgen para facilitar el trabajo del data scientist.

Sense.io era de las últimas, y Cloudera inteligentemente la ha incluido en su Enterprise Data Hub.

Con este componente puedes crear modelos sobre datos del entorno Big Data usando Spark como motor analítico y una interfaz web al estilo notebook para desarrollar los modelos en Python, R o Scala.

En las siguientes imágenes puedes ver cómo las opciones disponibles están más orientadas hacia el análisis y no tanto hacia la gestión de la infraestructura. E incluso el diseño es más cercano al estilo data science moderno.

Fuente Cloudera

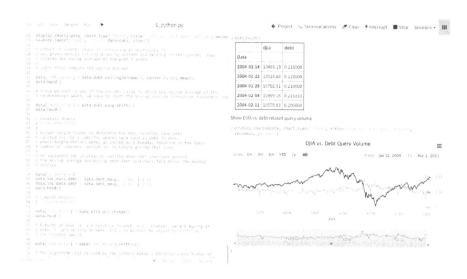

Fuente Cloudera

Para facilitar el despliegue, gestión y monitorización de los clusters, Cloudera usa la aplicación Cloudera Manager Admin Console. Es el equivalente de Ambari que veíamos en Hortonworks.

Puedes hacerte una idea con la siguiente imagen:

Fuente Cloudera

Y como interfaz gráfica para facilitar la programación en los elementos del ecosistema Hadoop, Cloudera usa HUE.

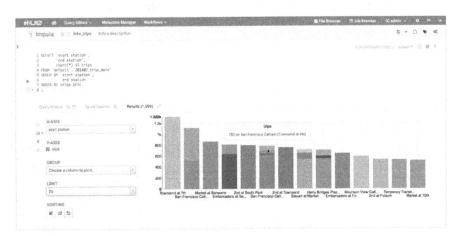

Fuente Cloudera

La versión de Cloudera en la nube se llama Altus. Y está disponible en los principales servicios cloud como AWS o

Azure. Nada más que decir sobre este producto, funciona como el resto, levantas los clusters a través de su módulo de gestión definiéndolos a demanda según la necesidad concreta, haces los trabajos y los apagas o redimensionas hasta el siguiente uso.

Databricks

Un momento Isaac, ¿qué es esto de Databricks? me habías dicho que íbamos a repasar las dos grandes, no habíamos hablado de una tercera, ¿no?

Sí, es cierto, y el motivo por el que no he incluido a Databricks en el mismo grupo es porque pienso que su aproximación es un poco diferente, por tres motivos.

El primero es que mientras que Hortonworks y Cloudera cubren todo el ecosistema Big Data incluyendo por supuesto Hadoop, Hive, Pig, NoSql, Storm, Kafka, Sqoop, etc. y también Spark, Databricks se centra sólo en Spark.

A priori puede parecer una solución incompleta, pero si tenemos en cuenta que el propio Spark, como ya hemos visto, nace con la intención de cubrir prácticamente todos los casos de uso de Big Data (ETL, consultas interactivas, machine learning e incluso análisis de grafos) vemos que la estrategia de Databricks es muy clara, simplificar el alcance para darle al usuario todo lo que pueda necesitar reduciendo la complejidad de acceder al mundo Big Data.

El segundo motivo también está relacionado con la estrategia anterior. Mientras que Hortonworks y Cloudera ofrecen soluciones tanto On-premise como Cloud, Databricks sólo está disponible en Cloud, y actualmente sólo en AWS aunque posiblemente se extienda a Azure en los próximos meses.

El motivo de nuevo es la sencillez, la del Cloud es mucho mayor: levantar el/los cluster, ejecutar los trabajos y apagar.

Y el tercero es que, volviendo a lo comentado anteriormente sobre las distribuciones que tienen más carácter de gestionar la tecnología versus las que están más orientadas al análisis, podríamos decir que Databricks está en un punto intermedio, con un buen balance entre el control de los clusters y el foco en la explotación analítica.

Igual que en los casos anteriores creo que la mejor manera de que termines de visualizarlo es viendo unas capturas de pantalla.

En esta primera imagen me gustaría que te fijaras en el menú de la izquierda. Como ves es muy simple, con secciones para acceder al espacio de trabajo (donde desarrollas los procesos analíticos en los notebook), para acceder y gestionar los datos, para crear, modificar, encender o apagar los clusters Spark, y para planificar y monitorizar los Jobs (los trabajos analíticos que has definido en los notebook y que vas a ejecutar).

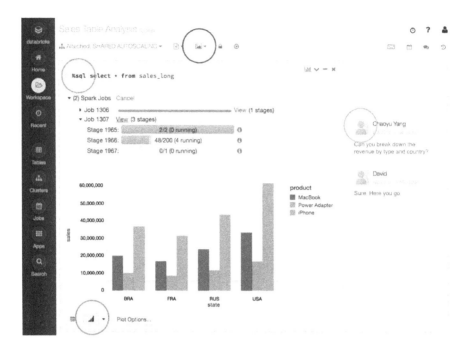

Fuente Databricks

En la siguiente imagen puedes ver que la manera de crear un cluster es realmente sencilla, básicamente hay que elegir la versión de Spark, el tamaño del cluster y si lo prefieres optimizar para el procesamiento, la memoria o el almacenamiento, que dependerá del caso de uso sobre el que estés trabajando.

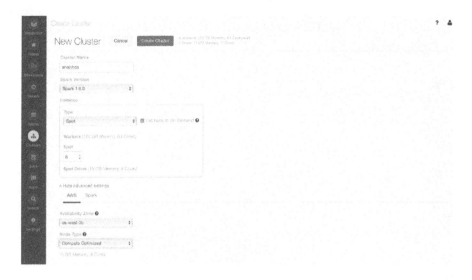

La gestión de los clusters también es muy sencilla. Aquí ves los que tienes creados, sus características, su estado y tienes las opciones para arrancarlos, pararlos o modificarlos.

Fuente Databricks

Finalmente te pongo una imagen del espacio de trabajo, basado también en notebooks, y en la que puedes escribir código, hacer anotaciones en texto y visualizar resultados de forma interactiva.

Seguramente, con la revisión que hemos hecho de las dos principales distribuciones de Big Data (más Databricks), y sobre todo habiendo visto las imágenes, ya te vas formando una idea y poniendo "cara y ojos" a todo esto de la tecnología Big Data.

Y entendiendo como es el día a día de un equipo Big Data, donde:

- Los <u>arquitectos Big Data</u> configuran, gestionan y monitorizan los diferentes clusters y componentes
- Los <u>ingenieros Big Data</u> se encargan de preparar los flujos de datos necesarios para el proyecto trabajando con las NoSql, Hive, Pig, etc, y pasar los resultados finales a producción
- Y los <u>data scientist</u> utilizan herramientas como los notebooks, Python, R, Scala y SQL para analizar los datos, descubrir insights y desarrollar modelos analíticos.

88

Hay más distribuciones de Big Data, por ejemplo MapR es posiblemente la siguiente, pero en el fondo la lógica es la misma por lo que creo que, en este punto, ya sabes todo lo que desde el punto de vista de un CEO o Director de Marketing necesitas saber para poder interactuar con equipos técnicos, plantear proyectos con consultores o tomar decisiones clave sobre inversiones en este tipo de tecnologías.

Puntos clave a llevarse de esta sección

Aquí terminamos la primera parte del libro, que estaba destinada a Big Data Tecnología.

Mi objetivo con ella era que pasaras del estado inicial en el que posiblemente estabas con un pequeño lío en la cabeza sobre todos los nombres de tecnologías que habías escuchado y sin saber diferenciar muy bien el qué y el para qué de cada cosa, a un nuevo estado donde ya comprendas cada componente tecnológico de un ecosistema Big Data típico, sepas qué misión cumple, en qué situaciones se usa y sobre todo tengas una "foto mental" en la que ya todo tenga sentido y puedas ver el bosque más allá de los árboles.

Si esto es así me doy por satisfecho.

Vamos a hacer un resumen rápido de lo que hemos aprendido hasta ahora:

- Los conceptos básicos de Big Data y el gran truco de "divide y paraleliza"
- Los diferentes componentes de una arquitectura clásica y para qué sirve cada uno de ellos:
    - Hadoop como el padre y la base de todo, con sus dos partes HDFS para el almacenamiento y Map Reduce para el procesamiento
    - Yarn como la evolución de Hadoop, que permite además utilizar otros motores de procesamiento más eficientes que MapReduce, como por ejemplo Spark
    - Hive como el "DataWarehouse" y el SQL de Hadoop
    - Pig como la forma "fácil" de crear flujos y encadenamientos de procesos en lugar de MapReduce
    - Flume y Sqoop para incorporar datos al entorno Big Data
    - Kafka y Storm como una arquitectura de referencia para el tiempo real
    - Las bases de datos NoSql como una forma de almacenar datos que da soporte a casos de uso donde HDFS no es la mejor opción
    - Spark como un nuevo framework que pretende agrupar todas las tipologías de procesos analíticos que necesites hacer con Big Data y hacerlo de forma más eficiente que Hadoop usando la memoria
- Una arquitectura "típica", que pueda dar soporte a cualquier tipo de proyecto analítico que se quiera desarrollar: para grandes volúmenes de información,

para tiempo real, para datos estructurados o no estructurados

- La evolución de Big Data, desde el ecosistema Hadoop a la apuesta a medio plazo Spark
- Las diferentes alternativas para utilizar una solución Big Data, bien con implantación on premise o bien en cloud
- La manera más sencilla de acceder a una plataforma Big Data: las distribuciones
- Las principales distribuciones: Hortonworks, Cloudera y Databricks
- Un recorrido visual por los principales componentes de una distribución para entender qué contiene y cómo se usa

BONUS: La compra de este libro también incluye el acceso gratuito a una formación sobre Big Data Analytics en video

El contenido de la video formación, de aproximadamente una hora y media de duración, es un resumen ejecutivo del contenido del libro. Por tanto te resultará muy útil si:

- Quieres tener una primera visión global antes de meterte en el detalle del libro
- Eres una persona que asimila más fácilmente el formato audiovisual que el escrito
- Quieres hacer un repaso al finalizar la lectura del libro para consolidar los principales conceptos y la visión global de cómo todo está conectado

Si quieres acceder a esta formación adicional gratuita:

1. Visita esta dirección: http://bit.ly/ClaseBigData
2. O escanea el QR de abajo que te llevará directamente
3. Regístrate con tu nombre y tu email y te llegará automáticamente el enlace de acceso a tu correo electrónico. Así que, aunque ahora no la puedas ver (por ej si estás leyendo el libro en el metro), tendrás el enlace en tu correo para cuando puedas
4. Además te suscribirás a mi lista de correo donde te llegarán nuevos contenidos adicionales sobre Data Science, Big Data y Advanced Analytics

SECCION III: BIG DATA ANALYTICS

¿Qué vamos a ver en esta sección?

- Empezaremos por situarnos describiendo los diferentes tipos de analytics
- Haremos un breve repaso por Business Intelligence, que aunque no es el ámbito concreto de este libro sí es un "primo" con muchas cosas en común
- Conoceremos los algoritmos analíticos que se utilizan para resolver los principales casos de negocio
- Haremos especial énfasis en entender la modelización predictiva, por ser, en mi opinión, el recurso que mayor valor puede generar para la empresa actualmente
- Y también veremos con detalle otros dos tipos de metodologías que están utilizando las compañías más avanzadas: text mining y social network analytics

Hace tiempo publiqué un post en mi blog titulado ¿Por qué lo llaman Big Data cuando quieren decir Analytics? http://isaacgonzalez.es/por-que-lo-llaman-big-data-cuando-quieren-decir-analytics/

Era una reflexión en tono irónico sobre cómo se está utilizando el término Big Data de manera abusiva. De dos maneras:

1. Se intenta llamar Big Data a todo caso de uso que resuelva un problema de negocio mediante el análisis de información. Da igual que realmente sea Big Data o "Small Data" (qué son el 99% de los casos)
2. Se intenta poner el foco sobre la tecnología para que parezca un objeto más brillante (en el sentido del "shiny object" que usan los americanos) en lugar de en la parte más relevante que al final es la de negocio

La primera no me parece muy relevante, ya que al final, en el medio plazo, no tiene sentido que existan dos marcos de trabajo, uno para Big Data y otro para lo que no es Big Data.

Y además como hemos visto, la propia tecnología Big Data está evolucionando para cubrir también situaciones donde el volumen de datos no es Big Data: Tez, Impala, Spark, integración con R, etc.

Por tanto, al final creo que con el tiempo volveremos a un término genérico como "data analytics" que nos permitirá focalizarnos en el caso de negocio sin importar cual sea el volumen o formato de los datos que tengamos que analizar.

Dicho esto, me parece interesante reproducir el post como contexto introductorio de esta segunda parte del libro. Te animo a leerlo y continuamos a la vuelta.

Comienza el post:

"Hace un par de días estaba repasando la guía de televisión cuando vi programada la película "Por qué lo llaman amor cuando quieren decir sexo.

Subliminalmente me vino a la cabeza la idea para este post, ya que creo que la frase recoge a la percepción una sensación que estoy experimentando últimamente de forma frecuente.

Te la comento a ver si te identificas también en ella. Es la siguiente.

Siempre me he dedicado profesionalmente al Analytics, en sentido amplio, es decir, a cómo analizar datos para mejorar procesos de negocio.

Sabemos que la mayor revolución en este campo en los últimos años ha sido el nacimiento y evolución de la tecnología Big Data.

Por tanto es entendible que actualmente el foco de eventos, congresos, seminarios o presentaciones en el sector esté ahí.

Pero es que, volviendo a la sensación, últimamente a todo se le llama Big Data, aunque realmente no lo sea porque en verdad se está hablando de analyitcs.

Me explico. ¿Reconoces el siguiente patrón?

Ponencia de Big Data, podría llamarse por ejemplo "Cómo Big Data ha transformado el sector financiero", o quizá "Cómo cautivar al nuevo consumidor gracias al Big Data".

El ponente hace un resumen de cuantas cosas pasan en internet por segundo. Acto seguido explica Big Data con unas cuantas Vs, normalmente serán al menos una V más que el ponente anterior.

Plantea los retos del sector: millennials, movilidad, geolocalización y tiempo real no deberían faltar.

Y entonces presenta alguna diapositiva de este estilo:

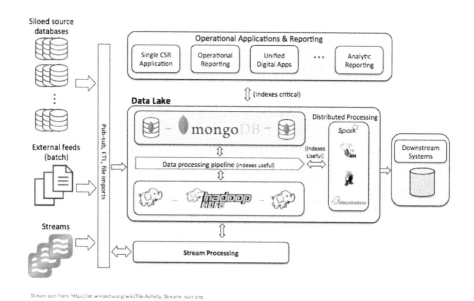

Fuente:
https://webassets.mongodb.com/_com_assets/cms/image 00-feb07d496d.png

Puedes encontrarla en diferentes variaciones, pero al final lo importante es que aparezcan muchos iconos de animales y muchas flechas entre ellos.

Estas diapositivas tienen un efecto mágico, y es que después de ellas ya puedes presentar los resultados que quieras que tendrán credibilidad casi de una forma mágica. Porque nadie va a preguntar cómo se pasa del stack tecnológico a los resultados.

Nadie planteará qué criterios de negocio, algoritmos, análisis ni procesos se han aplicado.

Todos sabemos que esas son cosas que hay que hacer sólo si trabajas con una arquitectura basada en BBDD relacionales y SW analítico tradicional (digamos SAS o Modeler). Pero en el momento en el que hay animales por medio todo eso ya no hace falta.

Pero lo realmente interesante, y el concepto principal de este post, viene cuando se presentan los casos de uso que justifican realizar todo el despliegue anterior.

Y sorprendentemente nos encontramos con cosas como: personalización comercial, retención de clientes, modelos de crédito, identificación de fraude, ... ¿Te suena de algo? Son los de siempre!

A donde quiero llegar, ya recuperando un tono más serio, es a que cuando se habla de la aplicación de Big Data a casos de negocio, en el 95% de los casos se está hablando de Analytics.

Esto es, del conjunto de metodologías, algoritmos y análisis que podemos aplicar para resolver necesidades de negocio.

Y el grueso de esas necesidades de negocio siguen siendo las mismas.

No quiero decir en ningún momento que la tecnología Big Data no aporte valor, ni que todos los casos de negocio se puedan resolver sin ella. Todo lo contrario, soy un defensor de estas tecnologías, y han llegado para quedarse.

Pero es una parte del conjunto de herramientas que tenemos a nuestra disposición, no el conjunto entero.

Es cierto que hay algunas (relativamente pocas) empresas que manejan un volumen de información que hace imprescindible el uso de Big Data.

También es cierto que hay algunos casos de uso en los que la tecnología ahora permite solucionar problemas que antes no se podía o se hacía de manera ineficiente. En mi opinión por ejemplo los casos de real time.

Pero me atrevería a decir que en el 95% de los casos de negocio actualmente bajo la nomenclatura Big Data realmente no es necesaria la tecnología Big Data, y que sube hasta el 99% el porcentaje de empresas que no necesitan Big Data en su sentido estricto.

Realmente en ambos casos estamos hablando de Analytics, que después podrá ser implementado sobre tecnología "tradicional" en la mayoría de las situaciones o sobre Big Data en las que lo requiera.

El proceso a la hora de afrontar una necesidad de negocio siempre debería ir desde el negocio hacia la tecnología.

Es decir, primero hacer una buena descripción desde el negocio y entender bien el mismo.

Después el nivel de Analytics, seleccionar las metodologías y técnicas analíticas que permiten solucionar el problema.

Y por último la tecnología, identificando el stack tecnológico que pueda dar respuesta tanto a los requerimientos de negocio como a las técnicas analíticas que haya que aplicar.

Pero seamos sinceros, actualmente si un planteamiento no lleva la etiqueta Big Data parece que está desfasado y que no va a aportar valor. Algo que es totalmente falso según lo que hemos explicado en este post, pero así está ocurriendo.

De esta forma cada vez se está viendo más la etiqueta Big Data Analytics. Yo mismo la utilizo en mi blog. Como un intento de poner el foco en la parte de Analytics y negocio, y no tanto en la tecnología.

Con el tiempo y la evolución que seguirán las plataformas de Analytics la palabra "Big" se caerá y se quedará "Data Analytics", ya que el analista sólo se preocupará de explotar la información, y la plataforma se adaptará de forma transparente al tamaño y tipo de los datos que se estén analizando.

Pero eso ya es contenido para otro post."

Finaliza el post.

Bien, ¿qué te ha parecido?, ¿estás de acuerdo con el mensaje principal?. Eso espero porque al final este es un libro dirigido a CEOs y Directores de Marketing, por lo que espero que el "business first" esté en tu manera de pensar.

El punto principal es que al final <u>la tecnología debe estar al servicio del negocio.</u>

Recuerdo que hace ya bastantes años, cuando comenzó a pasar la fiebre de los CRMs, y viendo que muchas veces no se estaba obteniendo el retorno de inversión que se pensaba que se iba a conseguir, se popularizó la frase "el 80% de las inversiones en CRM han fallado porque se ha puesto el foco en la tecnología y no en el negocio".

Como toda frase hecha creo que tenía una parte importante de excusa, pero también tenía parte de verdad.

Dicen que la historia se repite, y no me gustaría que pasara algo similar de nuevo con el mundo Big Data.

Por ello a la hora de plantear un proyecto Big Data yo siempre recomiendo utilizar la siguiente pirámide (ampliaremos este tema en el capítulo dedicado a la gestión de proyectos Big Data).

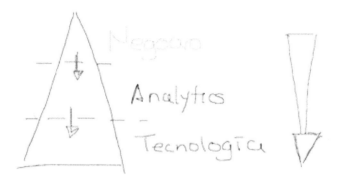

Lo que quiere decir es que es necesario abordar la planificación del proyecto en este orden:

1. Primero definir el problema de negocio, tanto desde el punto de vista de lo que se quiere conseguir como del establecimiento de objetivos cuantitativos
2. Después debemos identificar qué algoritmos o metodologías analíticas debemos utilizar para conseguir los objetivos

3. Y por último se identificarán (sobre el "puzzle" tecnológico que ya conocemos) qué piezas del mismo necesitamos para dar soporte a los algoritmos del punto 2

Parece obvio ¿verdad?, pues os sorprenderíais de la cantidad de veces que se hace al revés. Al final la realidad en las organizaciones no es siempre objetiva. Por parte de las empresas clientes existen a veces luchas de poder entre departamentos por liderar los proyectos más significativos, o por parte de los consultores se incentiva comenzar por la tecnología porque normalmente los proyectos de tecnología son de bastante mayor cuantía que los de negocio.

Por tanto, después de haber visto en la anterior sección del libro la tecnología, vamos a entrar ahora en la capa analítica.

Es posible que estés pensando: "vamos a ver, por un lado me dices que el orden debe ser negocio → analytics → tecnología y sin embargo en el libro me lo estás contando al revés".

Es cierto, pero está hecho a propósito, creo que a nivel didáctico se entiende mejor tal cual está planteado en el libro, aunque el orden recomendado al comenzar un proyecto Big Data sea el de la pirámide.

Después de todo, el orden en el que se rueda una película no es el orden en el que se ve, ¿verdad?

En todo caso, para evitar confusión lo vuelvo a decir: a la hora de realizar un proyecto Big Data el orden debe ser: negocio→analytics→tecnología.

Sin más vamos a entrar a repasar los principales conceptos analíticos al nivel que como CEO o Director de Marketing deberías conocer para desarrollar tu trabajo.

¿QUÉ ES ANALYTICS?

Vamos a hacer un repaso de lo más general a lo más concreto.

El contenido principal que quiero tratar en esta sección está relacionado con los algoritmos más avanzados, modelización predictiva, machine learning, etc.

Pero creo que es interesante hacer esta vista de pájaro inicial para que, al igual que con la tecnología, tengas una visión global de todo el "puzzle" y conozcas los principales términos y conceptos.

Yo entiendo analytics, en general, como la **capacidad para resolver problemas de negocio en base a un análisis de datos que implique el uso de métodos con un cierto nivel de sofisticación, provenientes del mundo de la estadística, de la informática o de la inteligencia artificial**.

Por ejemplo no consideraríamos bajo esta definición un análisis de ratios financieros sobre las cuentas de una empresa.

Dicho esto es posible que te encuentres frecuentemente con la siguiente clasificación:

* Analítica descriptiva
* Business Intelligence
* Analítica predictiva
* Analítica prescriptiva / optimización

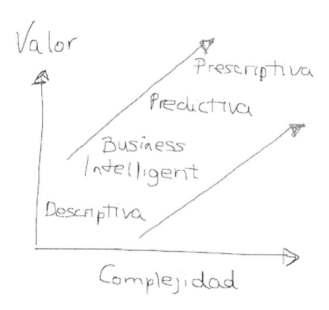

Normalmente conforme avanzamos en el tipo de análisis progresamos al mismo tiempo en el eje de complejidad de la técnica pero también en el eje de valor aportado por la misma.

Paso a explicarte brevemente cada una de ellas.

Analítica Descriptiva

La analítica descriptiva consiste en analizar una, dos, o varias variables con técnicas normalmente del campo de la estadística para encontrar unos resultados básicos.

Por ejemplo se utiliza para comprobar la calidad de los datos, para entender las características básicas del negocio que estamos analizando o para sacar conclusiones iniciales.

Las técnicas que se utilizan aquí son conocidas y entendidas por todo el mundo: medias, desviaciones típicas, máximos, mínimos, rango, gráficos sencillos, etc. Por ello no voy a dedicarle más tiempo.

Business Intelligence

El business intelligence (o BI) también es un tipo de analítica ya bastante madura actualmente. Consiste básicamente en organizar la información desde el punto de vista que necesita el negocio para poder hacer sobre ella consultas, obtener informes o realizar una navegación por los datos (haciendo zoom arriba o abajo, agregando o desagregando, comparando cosas, etc).

Este nivel ya empieza a introducir conceptos más avanzados y una jerga propia. Creo que en general es bastante conocido, por lo que tampoco voy a entrar en mucho detalle, pero sólo por si acaso te voy a hacer un repaso rápido de los principales conceptos que debes conocer.

Normalmente en BI la información se explota mediante una forma de organizar los datos que se llama:

- Datawarehouse: si tiene un alcance de toda la organización: por ejemplo conteniendo información para dar soporte al departamento comercial, de marketing, financiero, rrhh, etc.
- Datamart: si tiene un alcance para un departamento o función analítica concretos. Por ejemplo suele ser común un datamart comercial que da soporte a modelos analíticos, a la gestión de campañas y al reporting, o incluso un datamart analítico que es más específico y sólo da soporte a la construcción de modelos analíticos

La explotación analítica de la información (es decir con fines de toma de decisiones, conocimiento del negocio, etc) se llama OLAP, por oposición al uso OLTP que optimiza las bases de datos para procesos transaccionales (no de decisión).

Para entenderlo mejor:

- OLTP: OnLine Transaction Processing es la forma de organizar los datos que se usa cuando las bases de datos tienen que soportar actividad transaccional, como por ejemplo registrar cada venta de una tienda online, o actualizar los datos de un cliente, etc.
- OLAP: On-Line Analytical Processing es la forma de organizar los datos para sacar conclusiones o tomar decisiones de negocio, y es la que nos interesa desde el punto de vista analítico.

Existen diversas arquitecturas OLAP, las más comunes son MOLAP, ROLAP y HOLAP.

- MOLAP: es una arquitectura que normalmente utiliza sistemas de bases de datos propietarios de cada fabricante no relacionales. Optimiza su estructura para conseguir unas consultas muy rápidas, pero por contra es más difícil de modificar y escalar a nuevos datos y es menos flexible que las ROLAP. Este tipo de arquitectura es el que se conoce popularmente como "cubos OLAP"
- ROLAP: es una arquitectura que se basa en que, aplicando cierta estructura a bases de datos relacionales, se pueden conseguir buenos rendimientos para el análisis OLAP. Son más flexibles y escalables a costa de cierto rendimiento

- HOLAP: esta arquitectura simplemente consiste en combinar las dos anteriores utilizando cada una para las situaciones en las que funciona mejor

Cuando se va a implantar un sistema de BI es importante entender con el proveedor de la tecnología qué sistema usa y contrastarlo con los requerimientos funcionales que queremos del sistema.

Por otro lado, a la hora de organizar los datos hay que diferenciar entre dos tipos de elementos básicos: las tablas de hechos y las dimensiones.

Las tablas de hechos es lo que se quiere medir, por ejemplo número de contratos, volumen de ventas, tasa de conversión, número de retrasos, etc. Obviamente son diferentes en cada negocio.

Las dimensiones son las vistas de negocio por las que se quiere analizar la información. Por ejemplo las dimensiones tiempo y la geografía suelen estar en todas las aplicaciones, otros pueden ser: departamento, segmento de cliente, producto, red comercial, etc.

Las dimensiones suelen tener jerarquías. Ejemplo para la tiempo: años, trimestres, meses, semanas, días. O ejemplo para la red comercial: territorial, zona, oficina, agente.

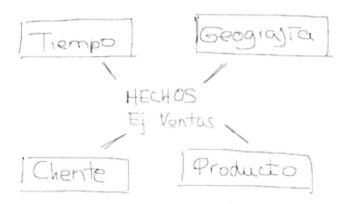

Sobre esta estructura se podrá ir haciendo la navegación OLAP que decíamos antes, consultado las diferentes métricas por las diferentes dimensiones: importe de ventas por oficina para el segmento Premium comparado con el trimestre anterior.

La manera en la que se explota un BI suele ser con algún software de reporting como Microstrategy, Qlikview, Cognos, etc. En el cual, o bien se parametrizan una serie de informes que se realizarán periódicamente para los distintos grupos de trabajo, o bien los analistas hacen consultas ad-hoc para satisfacer preguntas de negocio o descubrir nuevos patrones (o ambas cosas).

Los analistas más avanzados pueden utilizar SLQ directamente contra la base de datos.

Cuando se generan una serie de informes que contienen los indicadores más relevantes para el negocio y que normalmente están destinados a la dirección, es lo que se conoce como Cuadro de Mando Integral o Balanced ScoreCard., que se compone de los KPI (Key Performance Indicator) necesarios para la estrategia y gestión de la empresa.

En general podemos decir que Business Intelligence es un elemento esencial en cualquier empresa. Es lo que permite medir los indicadores principales del negocio y tomar decisiones basadas en lo que está siendo la realidad.

Por ese motivo suele ser el primer proyecto analítico que acomete una empresa.

¿Y cómo han afectado las nuevas tecnologías Big Data al BI clásico?

De varias maneras. Una de las más directas es el uso de Big Data para la parte de BI que se llama ETL (Extracción, Transformación y Carga en inglés).

Básicamente éste es uno de los procesos iniciales de BI, en el que se accede a las fuentes originales de la información (sistemas transaccionales, otros Datamarts, logs o lo que sea) y se realizan operaciones de limpieza de datos, cálculo de nuevas variables y agregación de información antes de cargarlo al BI.

Como sabemos las bases de datos relacionales no son la mejor opción para preprocesar volúmenes ingentes de datos, además de que normalmente el sistema de licencias hace que sea caro utilizarlas de esa manera.

Por tanto una de las primeras aplicaciones de Hadoop, que interfiere en menor medida con los BI ya existentes en la empresa, fue ocuparse de esos procesos ETL, masticar la información y pasarle a las bbdd relacionales la información ya preparada y agregada. Ello consigue reducir tanto el tiempo de procesamiento como el coste asociado.

El siguiente paso es preguntarse cómo convive Big Data con BI o si incluso debe reemplazarlo. Ya que hemos visto que algunos componentes de Big Data como Hive tienen funciones conceptualmente similares a un DataWarehouse.

Actualmente no hay una respuesta única para esta pregunta y se están aplicando diferentes modelos según la situación.

En la mayoría de los casos se está aplicando un sistema híbrido, donde BI se integra como una parte más de la plataforma Big Data. Big Data como tal se usa como almacenamiento barato de toda la información que todavía no tiene un uso claro (hablaremos más de esto posteriormente con conceptos como el discovery) y en esas tareas ETL que decíamos antes. Mientras que a BI se pasa la información que ya conocemos muy bien y utilizamos frecuentemente en los informes, OLAP, etc. Esto además permite reaprovechar todos los activos ya existentes (informes, queries, triggers, etc).

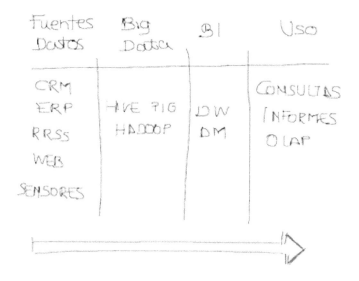

Este esquema representa el concepto descrito. Por un lado tenemos todas las fuentes de datos, que cada vez son más y más dispersas.

Éstas contienen mucha información que a lo mejor no la vamos a necesitar ahora, por lo que en lugar de hacer el esfuerzo de transformarla toda para pasarla al BI simplemente se almacena en Big Data.

Y además, para la que sí se sabe que se va a pasar al BI, se hacen todos los procesos y transformaciones también en Big Data, consiguiendo ser más eficiente, reducir el tiempo de los procesos y minimizar el coste de licencias del BI que ya sólo debe trabajar con datos reducidos y agregados previamente.

Aquí quiero hacer un inciso para explicarte otro concepto que seguramente estarás escuchando mucho últimamente: el **Data Lake.**

Un Data Lake no es más que ese almacenamiento Big Data del que hablaba en el párrafo anterior, que permite ir depositando la información en bruto sin necesidad de darle un formato previo.

Esto permite casos de uso como que acabo de comentar: usarlo como un lugar donde dejar los datos y preprocesarlos (ELT – ver un poco más abajo) antes de cargarlos al DataWarehouse, con lo que ganamos en eficiencia y reducimos el coste.

O también otros como el Sandbox, que ampliaremos en la sección de casos de uso, pero que básicamente le puede dar una agilidad y flexibilidad a un departamento de negocio a la hora de manejar datos y construir prototipos, pilotos y productos mínimos viable como no existía hasta la fecha.

Un último apunte, a veces escucharás decir que con Big Data se pasa de un modelo ETL a un modelo ELT.

Esto es únicamente una distinción conceptual que lo que intenta decir es que mientras en el modelo de BI (el ETL) necesitamos darle una estructura a los datos (la T de transformación) antes de almacenarlos (la L de Load), en Big Data (modelo ELT) primero se almacenan los datos en bruto y la estructura se le da justo en el momento de utilizarlos. Ello permite dos cosas:

1. Que puedas ir almacenando información que todavía no sabes si será útil sin tener que invertir esfuerzos en su transformación
2. Que seas mucho más ágil en tareas de descubrimiento o prototipado ya que no tienes que tener la información en un formato perfecto para poder empezar a jugar con ella. Un ejemplo práctico para que se entienda: imagínate que estás hablando con un proveedor de datos para ver si su información puede enriquecer tus productos o soluciones. Con Big Data no necesitas pasar por un proceso de semanas para estandarizar su formato al tuyo, simplemente la "arrojas" a la plataforma Big Data y haces unas pruebas Quick and Dirty simplemente para ver si a grandes números tiene pinta de funcionar. Si es así ya podrás invertir en comprar la información y desarrollar todos los procesos necesarios para trabajarla a nivel de producción.

Si volvemos a la clasificación de las técnicas analíticas ya estamos en disposición de introducir una diferencia esencial.

Las dos primeras que ya hemos visto, descriptiva y Business Intelligence, analizan la información que ya ha ocurrido realmente (llamémosle del "pasado") para entender y explicar qué ha ocurrido, cómo, dónde y por qué.

Esto permite tomar decisiones y optimizar el negocio en base a la realidad.

Por otro lado las dos siguientes, la analítica predictiva y la prescriptiva también analizan los datos del pasado pero con una finalidad predictiva, es decir para calcular las probabilidades de los eventos que pueden ocurrir en el futuro próximo.

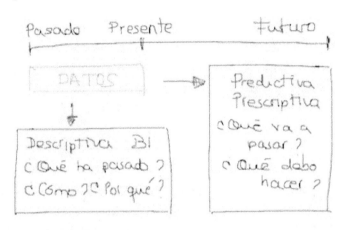

Vemos que los datos que utilizan ambos tipos de análisis son los mismos, pero los objetivos buscados son distintos y los algoritmos o técnicas que se utilizan también lo son.

Esta distinción es relevante por varias razones.

La primera es obvia, los casos de uso son totalmente diferentes.

La segunda es que, mientras que en la descriptiva y el BI nos movemos en el terreno de lo determinista (si el BI dice que se han hecho 324 contratos en la oficina de Madrid en el último trimestre eso es así al 100%), en la analítica predictiva y prescriptiva entramos en el terreno de la probabilidad, y eso tiene consecuencias tanto en el tipo de técnicas a emplear como en la forma de interpretar las conclusiones.

Analítica Predictiva

La analítica predictiva construye modelos que estiman el valor más probable de una variable a partir de los valores ya conocidos de otras variables.

Dicho así suena un poco raro, pero es lo que nos permite por ejemplo saber qué oferta es la que más le va a interesar a un cliente, localizar a los clientes en riesgo de abandono, calcular el riesgo de impago de un crédito o calcular las probabilidades de fraude de una operación.

Intentaré no entrar a niveles demasiado bajos pero sí es cierto que para interactuar con los equipos técnicos o con consultores es necesario que conozcas algunos términos y conceptos que te den seguridad de lo que estás manejando, así que vamos a hacer un repaso por los más importantes.

A la variable que se quiere predecir se le llama variable target, o también variable dependiente. A las variables que utilizamos para predecirla las llamamos variables independientes, predictores o características.

El tipo de la variable target es importante, ya que según sea uno u otro las técnicas que se deben utilizar son diferentes.

En la práctica te encontrarás con dos tipos.

El primer tipo es la target dicotómica: es decir que sólo puede tener dos estados, normalmente 0 o 1.

Este es el tipo más común en cualquier negocio, ya que se utiliza para predecir eventos de muy diversa índole, desde si un cliente va a cancelar el servicio hasta si una operación de una tarjeta en tiempo real puede ser un fraude.

Realmente lo que predicen estos modelos, que por cierto reciben el nombre de modelos de propensión, es la probabilidad de que ocurra un evento, el evento que se asocia con el valor 1 de la variable. Por ejemplo el modelo predice que la probabilidad de que el cliente x no devuelva su préstamo es del 83%.

Los modelos son capaces de calcular esa probabilidad a partir del análisis de información histórica, en la cual tienen tanto las variables independientes como el resultado ya conocido (información histórica) de la variable target.

El modelo lo que hace es identificar los patrones de información que mejor predicen el evento de la variable target y resumirlo en algún tipo de formato que puede ejecutarse informáticamente (los más comunes son una fórmula matemática o un conjunto de reglas si-entonces).

Esa fase en la que el modelo aprende de la información histórica es cuando tu técnico o consultor te dirá que está "entrenando" el modelo.

Una vez que el modelo está "entrenado", es decir que ya tenemos la fórmula, entonces es cuando ya lo aplicas en producción sobre los nuevos datos en los que conoces el valor de las variables dependientes pero no el de la variable target. En el ejemplo de antes sería cuando un cliente me solicita un préstamo y conozco su edad, ingresos, profesión, etc. pero desconozco si me lo va a devolver o no.

Cuando el negocio quiera predecir este tipo de variables target dicotómicas el data scientist deberá utilizar técnicas como la regresión logística, árboles de clasificación, random forest en versión clasificación o SVM (Support Vector Machines) también en su versión de clasificación.

El otro gran tipo de variable target es la continua, es decir la que puede tomar cualquier valor desde menos infinito a más infinito. En la práctica intentarás predecir cosas como ingresos de un cliente, número de reclamaciones, financiación que puedo conceder, etc.

Este tipo es menos frecuente que el anterior, ya que muchas veces incluso es preferible transformar una variable continua en una dicotómica o discreta (cuando tiene un número pequeño de valores diferentes, por ejemplo renta baja, media o alta) y modelizar esta última.

Pero si queremos modelizar una target continua el data scientist deberá usar técnicas como la regresión múltiple, los árboles de regresión, o random forest o SVM en sus versiones de regresión.

Más adelante te haré una breve explicación de los principales algoritmos para que los entiendas conceptualmente.

Por último mencionar brevemente un subtipo de modelo analítico que predice targets continuas, que es el forecasting. La principal diferencia de este modelo es que pone el foco para predecir el futuro, no tanto en las variables independientes, sino en el valor en el pasado de la propia variable que se quiere predecir. El ejemplo más típico es el forecast de ventas, donde se utiliza información de las ventas de períodos anteriores para predecir las del período siguiente.

Las técnicas más comunes de forecasting son las medias móviles, el suavizado exponencial y los modelos ARIMA, que tienen en cuenta factores como la estacionalidad.

La analítica predictiva será el punto central de este capítulo, ya que como decía antes vamos a ampliar la revisión de las propias técnicas analíticas, y también de la cuarta sección de libro donde veremos los casos de uso, que en su mayoría serán de analítica predictiva.

Por tanto vamos a dejarla aquí por ahora y pasar a explicar la prescriptiva.

Realmente el término analítica prescriptiva es bastante reciente, pero lo que contiene se lleva haciendo desde hace bastantes años bajo el paraguas de la predictiva.

No me parece del todo mal darle un espacio propio, ya que pienso que desde negocio aporta un valor diferencial importante frente a la analítica puramente predictiva, así que puede tener sentido hacer dicha división.

Analítica Prescriptiva

El concepto de la analítica prescriptiva es dar un paso más, y no decirte sólo "la probabilidad de que pase cada evento es X" si no darte algún tipo de recomendación de acción en base a esas probabilidades.

En el fondo lo que lleva por debajo es una combinación de analítica predictiva con algoritmos de optimización que, dadas ciertas restricciones de negocio, localizan la acción que maximizará una variable objetivo.

Suena complejo pero se entiende muy fácil con un ejemplo práctico.

Imaginemos que calculamos con analítica predictiva las probabilidades que un cliente tiene de contratar cada uno de nuestros productos. Pero si queremos saber qué oferta comercial le debemos presentar la próxima vez que interactuemos con él deberemos tener en cuenta más cosas que únicamente la probabilidad.

Uno de los pasos más directos, y que ya nos metería en el terreno de la analítica prescriptiva, es considerar el margen esperado de esa operación.

Digamos que el cliente tiene un 80% de probabilidad de contratar el producto A, pero si lo hace nos dejará 10€ de margen.

Y tiene un 30% de contratar el producto B, pero si lo hace nos dejará 100€ de margen.

La optimización en este caso buscaría maximizar la función "valor esperado" que definiríamos como el valor de un suceso por la probabilidad de que se produzca.

Valor esperado producto A = 10 * 0,8 = 8€

Valor esperado producto B = 100 * 0,3 = 30€

Claramente la prescripción sería ofrecer el producto B.

En un proyecto real es por supuesto mucho más complejo, pero creo que con este sencillo ejemplo habrás entendido el concepto.

Aprendizaje supervisado Vs no supervisado

Otra clasificación de la analítica avanzada que debes conocer es el aprendizaje supervisado frente al no supervisado.

El no supervisado significa que no existe una variable concreta que es la que queremos explicar o predecir. Por ejemplo, los algoritmos de clustering o agrupación son no supervisados, ya que utilizamos todas las variables para identificar elementos (clientes, empresas, operaciones o lo que estemos analizando) que, en base a todas esas variables, sean muy parecidos entre los miembros del mismo segmento pero muy diferentes de los del resto de segmentos.

El aprendizaje supervisado sin embargo trata de explicar o predecir una variable concreta en función de la información contenida en el resto de las variables

La técnica más importante que debes conocer dentro del aprendizaje supervisado y quizá de todo el ecosistema analítico son los "modelos predictivos", ya que prácticamente todas las aplicaciones de negocio de la analítica avanzada van a contener modelos predictivos.

Además es, en mi opinión, el tipo de técnica analítica que genera mayor valor de negocio para una empresa.

Así que veámosla en detalle.

Modelos predictivos

¿Qué es un modelo predictivo?

Un modelo predictivo, a grandes rasgos, es un algoritmo que aplicado sobre un conjunto histórico de datos consigue capturar la relación existente entre una variable de interés (la variable target o dependiente) y el resto de información disponible (las variables independientes).

Una vez capturada y operativizada esa relación, el modelo predictivo se usa para estimar el valor más probable de la variable target (que es desconocido) a partir del valor conocido de las variables dependientes. En un ejemplo típico, se quiere calcular la probabilidad de abandono de un cliente, obviamente antes de que lo haga, teniendo en cuenta la información de la que se dispone sobre ese cliente.

La salida de un modelo predictivo es, bien un número en los casos en los que la variable target es continua, como por ejemplo la estimación del ingreso anual de un cliente en euros, o bien una probabilidad de pertenecer a una categoría, por ejemplo la categoría "abandona". En el primer caso se habla de modelos de regresión y en el segundo de modelos de propensión.

Al desarrollar un modelo predictivo obtendremos las siguientes ventajas:

- Por un lado, para el modelo definitivo **sólo se usarán las variables que se ha comprobado empíricamente que aportan información**. Esto es importante, ya que inicialmente se puede partir de miles de variables, de las que finalmente sólo se usarán por ejemplo 10 o 20, haciendo el modelo muy sencillo de mantener en su explotación

- **El modelo hace esa selección de las variables importantes de forma automática**, lo cual nos libera de un trabajo ingente si quisieras hacerlo manualmente con consultas, y también permite localizar patrones que nunca hubieras pensado y por tanto hubieran quedado ocultos
- Se obtendrá un **algoritmo**: su formato depende de la técnica utilizada pero suele ser una fórmula (en el ejemplo es una regresión logística), un conjunto de reglas (en los árboles de decisión, etc)
- Disponer de un algoritmo permite implantarlo como un proceso informático y por tanto **ejecutarlo masivamente** cuando sea necesario, tanto en batch (por ejemplo búsqueda de nuevas oportunidades comerciales sobre la base de clientes) como en tiempo real, como el análisis del riesgo de una financiación de una compra en un ecommerce
- La manera de utilizar el modelo es simplemente calcular la fórmula (del medio) sobre las variables finalistas (de la izquierda) y como resultado se tendrá la **probabilidad** de fraude (en este caso) de cada nueva operación que se quiera evaluar

Metodología de desarrollo de un modelo predictivo

Te cuento a continuación las grandes fases por las que un equipo analítico o una consultora debe pasar para desarrollar un modelo predictivo acorde a los estándares generalmente aceptados en el sector.

Pueden existir cientos de variaciones y metodologías, pero en los principales pasos y subpasos no se debería diferenciar demasiado de lo que te voy a presentar.

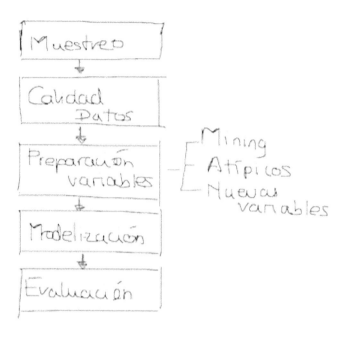

Vamos a verlos uno a uno.

Muestreo

El primer paso es realizar un muestreo sobre el total de la información disponible para aplicar el resto de pasos de la metodología.

La fase del muestreo está siendo actualmente objeto de controversia ya que con Big Data existe la tecnología para poder modelizar sobre el total de la información y no sobre la muestra.

No obstante, salvo casos puntuales, el resultado final será muy similar si la muestra está bien realizada, por lo que atendiendo a criterios prácticos de negocio (que requieren generar muchos modelos simultáneamente y minimizar el tiempo en el que estos se pueden utilizar), se recomienda continuar desarrollando los modelos sobre muestras de información.

Posteriormente se realiza un análisis descriptivo para entender en detalle la información y MUY IMPORTANTE evaluar su calidad.

Personalmente he realizado decenas de proyectos analíticos, y no me viene a la cabeza ninguno en el que toda la información estuviera correcta desde el inicio.

Esto es clave, si pasamos a la siguiente fase con información errónea y lo descubrimos más adelante deberemos volver al principio y habremos perdido todo el trabajo.

Debes utilizar cuatro tipos de análisis de calidad de datos:

- **Estadísticos**: se analiza cada variable con técnicas como medias, máximos, mínimos y gráficos, para detectar cosas que no tengan sentido: ¿la edad media es 87 años?¿un cliente que tiene más productos de los que comercializa la empresa?, etc.
- **Longitudinales**: si trabajas con datos históricos, por ejemplo por meses, hay que comparar los análisis del punto anterior de forma longitudinal. Por ejemplo, en un banco vemos que el pasivo medio en todos los meses está entre 13.000 y 17.000 euros, mientras que en Junio es de 50.000 ¿ha pasado algo en Junio que lo explique o es un error de datos?
- **De coherencia entre variables**: en muchas ocasiones hay variables que están relacionadas y deben ser coherentes entre sí. Por ejemplo: no puede pasar que un cliente tenga 236 minutos visualizados en la televisión bajo demanda si el indicador de "tenencia de televisión bajo demanda" está a cero

- **De negocio**: hay algunos valores que no tienen sentido desde el negocio: por ejemplo no se puede tener un número de productos negativo. Hay que tener cuidado con esto y conocer muy bien el negocio, ya que a veces existe una explicación perfectamente válida: un cliente que aparece como que ha comprado -3 productos en Marzo a priori no tiene sentido pero puedes descubrir que si el cliente compró los 3 productos en Febrero y los devolvió en Marzo el sistema lo registra así, y es un dato perfectamente válido

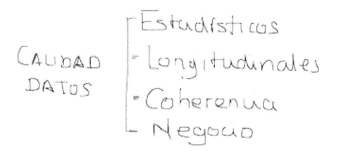

El gráfico muestra los cuatro grandes tipos de controles de calidad de datos que se deben aplicar.

Gestión de missing o datos faltantes

Muchas veces descubrimos que hay variables en las que un porcentaje importante de registros no están informados. Es lo que se conoce como datos missing.

Lo primero es investigar si tiene sentido de negocio. Por ejemplo un producto puede tener un 98% de datos faltantes pero realmente es porque el producto es muy de nicho y sólo lo contratan muy pocos clientes.

Si ese es el caso las opciones serían no utilizar esa variable porque afecta a tan pocos clientes que no va a suponer

124

impacto, tratar de agregarla con otras variables similares (por ejemplo construir un grupo de productos minoritarios que tenga sentido agrupar), o utilizara finalmente a pesar de su baja información ya que es una variable fundamental para lo que queremos predecir.

Si por el contrario se trata de un error de datos, el primer paso es intentar recuperar la información. Y si no es posible, se suele "imputar" la variable, lo que esto significa es sustituir los valores que faltan por ejemplo por la media o algún valor que tenga sentido desde negocio.

MISSING

¿Es error?

SI

NO

Recuperar
o
Imputar

Eliminar
o
Agrupar
o
Usar

Gestión de oultliers o datos atípicos

Es similar a los missing pero en este caso no faltan datos, sino que algunos de los valores son demasiado diferentes del resto y nos hacen sospechar.

Por ejemplo un cliente que en la variable ingresos anuales tenga un valor de 350.000€ puede ser un dato perfectamente real, pero es bastante infrecuente y deberíamos investigarlo antes de continuar para que no sesgue los futuros análisis.

Al igual que antes una acción que se puede tomar si nos fiamos demasiado del dato es imputarlo por ejemplo por la media, o recortarlo a un valor más probable desde negocio, en el ejemplo señalado podríamos sustituirlo por 100.000€ que siendo un valor en parte alta del salario es bastante más probable.

Hay que tener en cuenta que cuando modelizamos no nos interesan tanto los casos individuales sino encontrar patrones generales.

Creación de variables

Si conocemos el negocio, existe mucho valor en crear nuevas variables derivadas de las que originalmente tenemos en los datos.

Por ejemplo en un banco tiene mucho valor calcular qué porcentaje del volumen de negocio de un cliente es del pasivo frente al activo, ya que nos dice mucho sobre sus necesidades y sobre cómo orientar su gestión.

Otras variables que normalmente se suelen construir son indicadores (pasar a un formato de ceros o unos variables cuantitativas, ratios, y tendencias como la evolución de las variables cada 3 o 6 meses.

Modelización

El trabajo de las fases anteriores suele consumir el 80% del tiempo total dedicado a un proyecto analítico pero es clave para que la fase de la modelización, que es la que realmente produce resultados, se ejecute correctamente.

La modelización consiste en la aplicación de uno o varios algoritmos que trabajan de forma diferente sobre la información para seleccionar bien el que mejor funciona sobre el caso de estudio o bien generar una combinación de varios.

Los grupos de algoritmos más utilizados que debes conocer son los siguientes:

Regresión lineal múltiple: Permite relacionar linealmente una variable con otras minimizando el error cuadrático medio (EQM). Se aplica con variables target cuantitativas (ejemplo ventas en número de unidades)

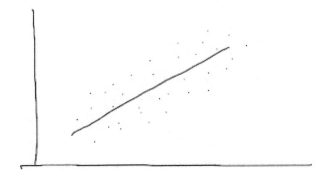

En este gráfico tenemos una regresión lineal sólo con dos variables para que se entienda el concepto. Podrían ser por ejemplo el volumen de ventas de un cliente en función de su tamaño. La recta que dibuja el gráfico (es lo que obtiene el

modelo) es lo que nos permite predecir simplemente proyectando el valor del eje conocido sobre el que queremos conocer. Por ejemplo ¿cuál será el volumen de ventas que le puedo vender a un cliente que tiene una facturación total como empresa de 50 millones de €.

Regresión logística: Permite relacionar una variable con otras a través de una transformación logística. La variable target es una variable categórica y se utiliza típicamente para proporcionar probabilidades

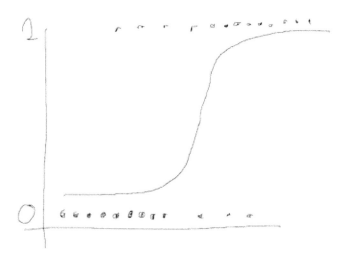

Los puntos representan los ceros y unos reales, por ejemplo los unos son los que han comprado el producto X y los ceros lo que no han comprado. El eje vertical representa la probabilidad de comprar (de 0 a 1) y el eje horizontal el valor que devuelve el modelo. Por tanto, cuanto mayor sea el valor devuelto por el modelo mayor será la probabilidad de comprar, y debería pasar también que hubiera más puntos de ceros a la izquierda y más puntos de unos a la derecha. Lo cual significa que efectivamente el scoring está alineado con la realidad.

Árboles de decisión: Consiste en una técnica estadística que permite prever el comportamiento de la variable que se quiere medir mediante la categorización de las variables explicativas en función del target. Los ejemplos más relevantes de árboles son:

- **CHAID** – Chi Square Automatic Interaction Detector -> Utiliza el test chi-cuadrado con tablas de contingencia para determinar qué predictor categórico es el más independiente de la variable target
- **CART** - Classification And Regression Trees -> Se construye un árbol complejo que se va simplificando para que tenga una mayor capacidad de generalización, en base a los resultados de la validación cruzada;
- **C4.5** – Evolución del método CHAID -> Permite trabajar con atributos numéricos, missing values, etc.

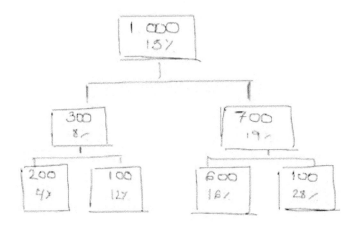

En este ejemplo vemos como empezamos con un total de 1.000 clientes de los cuales ha comprado el 15% el producto en cuestión.

El algoritmo del árbol encuentra la variable que mejor separa a los que compran de los que no compran, imaginemos que fuera la renta, siendo que, de los que ganan menos de 1.000€ (que son 300) sólo compra un 8%, mientras que de los que ganan más de 1.000€ (que son 700) compra un 19%.

A partir de ahí el árbol sigue aplicando la misma lógica en cada división, tratando de localizar los perfiles que mejor diferencia a los que compran de los que no.

Redes neuronales: Son modelos basados en el funcionamiento de la estructura típica del sistema nervioso. Esta técnica detecta automáticamente relaciones no lineales y efectos cruzados. Son modelos de interpretación difícil (peligro de sobreajuste, dificultad de formación).

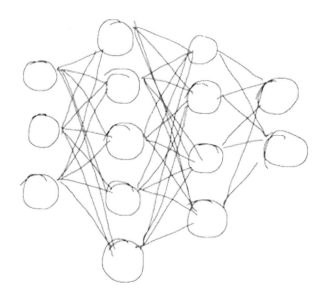

Ésta sería una arquitectura de una red neuronal con 2 capas ocultas.

Se llaman capas ocultas a las que no son ni la capa de entrada (que son las variables del modelo), ni la de salida (que es la predicción del modelo).

Los círculos se llaman neuronas, y las líneas que unen los círculos son las conexiones, que en un inicio pretendían representar las sinapsis del sistema nervioso. De ahí el nombre de redes neuronales.

Las conexiones son parámetros que ha de estimar el modelo, después todas las conexiones que llegan a una neurona combinan sus parámetros con algún tipo de función (por ejemplo sumándolos) y otra función decide si esa neurona se activa o no, propagando o no el valor de sus conexiones por el resto de la red.

A efectos prácticos lo que esto significa es que, con una arquitectura de una capa oculta se pueden crear modelos lineales (el equivalente por ejemplo a una regresión lineal), pero a partir de meter más capas ocultas se pueden empezar a capturar cada vez patrones no lineales mucho más complejos.

Eso es ni más ni menos el caso de Deep Learning, que seguro que lo habrás escuchado mucho últimamente. En el cual se utilizan muchas capas ocultas bajo ciertos esquemas de arquitectura determinados para ser capaz de captar patrones muy complejos y resolver problemas que hasta ahora habían resultado muy difíciles como el análisis de video, la traducción simultánea, etc.

No voy a entrar más en el detalle de cada algoritmo de los revisados, ya que este no pretende ser un libro técnico, sino que voy a decirte los aspectos prácticos en cuanto a las ventajas y desventajas de cada uno para que te ayude a entender el por qué de su aplicación en las diferentes situaciones de negocio, que se recogen de forma simplificada en las siguientes fichas:

TECNICA	Regresión lineal	
VENTAJAS		**DESVENTAJAS**
• Muy extendida, conocida y utilizada • Fácilmente interpretable tanto el error como de los factores causales • Permite simular fácilmente		• Está basada en supuestos estadísticos que no suelen cumplirse en la realidad • Inicialmente no capturan relaciones no lineales (aunque puede solvertarse con un trabajo avanzado)

TECNICA	Regresión logística	
VENTAJAS		**DESVENTAJAS**
• Muy extendida, conocida y utilizada • La experiencia demuestra que funciona muy bien incluso no cumpliendo los supuestos • Devuelve la salida en forma de probabilidad • Permite simular fácilmente		• Está basada en supuestos estadísticos que no suelen cumplirse en la realidad

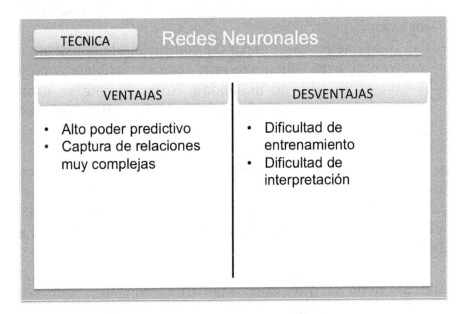

TECNICA — Árboles de Decisión

VENTAJAS	DESVENTAJAS
• Muy fácilmente endendible • Trasladable a reglas de negocio • Captura relaciones no lineales	• Sensible a datos atípicos • Puede dar errores en producción (ej nuevos valores)

TECNICA — Redes Neuronales

VENTAJAS	DESVENTAJAS
• Alto poder predictivo • Captura de relaciones muy complejas	• Dificultad de entrenamiento • Dificultad de interpretación

A un nivel práctico quédate con las siguientes referencias:

• En la mayoría de las situaciones de negocio se trabaja con eventos que han sido dicotomizados, es decir que son sí o no. Un cliente compra o no compra, una operación es fraude o no, un crédito se debe conceder o denegar etc. Por lo que la regresión lineal no sería apropiada para estos casos, sí lo serían cualquiera de los otros algoritmos presentados

- Los árboles de decisión son bastante usados si se necesita una explicación sencilla y "muy de negocio" por ejemplo para la dirección, la red comercial, etc. Ya que al devolver un algoritmo en formato de reglas se entiende muy bien: "este cliente comprará la gama todoterreno de lujo porque gana más de 80.000€, vive en zona residencial, tiene 4 hijos y ha consultado 5 veces la página del modelo en el último mes"
- En contextos de marketing la regresión logística y los árboles de decisión han demostrado funcionar muy bien
- En contextos de riesgos el estándar es la regresión logística
- Las redes neuronales son más complejas de construir e interpretar pero funcionan muy bien en problemas muy complejos de alta no linealidad. Normalmente se usan más en ámbitos académicos y de investigación que empresariales

Si te fijas, cuando te introduje los diferentes algoritmos unos párrafos más atrás, te hablé de "grupos de algoritmos" ya que realmente la clasificación anterior se debe entender más como las familias de algoritmos que como la técnica a utilizar en sí.

Ello se debe a que esos algoritmos iniciales han ido evolucionando y hoy en día un equipo analítico bien entrenado ya no debería usar esos algoritmos "clásicos" si no sus versiones evolucionadas.

Simplemente te los comento como checklist para que puedas contrastar con tu equipo o tus consultores que están obteniendo el máximo potencial que les permite la técnica hoy en día:

- En la familia de las regresiones es importante utilizar la "**regularización**". Es un mecanismo que permite evitar el sobreajuste, es decir, que cuando se construya un modelo, ese modelo se pueda utilizar en los nuevos datos que vayan llegando y produzca unos niveles de predicción igual de precisos que cuando se desarrolló.
- En la familia de los árboles de decisión se recomienda usar **Random Forest**. Esta técnica consiste en desarrollar cientos o miles de árboles de decisión pequeñitos y luego combinarlos para obtener la predicción final. Han demostrado ampliamente ser una de las mejores técnicas disponibles y, al igual que la regularización, permiten controlar mucho el sobreajuste
- En la familia de las redes neuronales se ha conseguido un salto cualitativo con "**deep learning**", que como ya anticipamos, es una evolución que aplica muchas capas intermedias de redes neuronales. Actualmente su uso en el ámbito empresarial está siendo sobre todo en los grandes de internet: Google, Facebook, Microsoft, etc. que se tienen que enfrentar a volúmenes absolutamente masivos de datos no estructurados en problemas hasta ahora no bien resueltos como análisis de video, traducción automática, etc. Últimamente estoy viendo en el mercado un intento de traer deep learning al resto de las empresas más "normales". En mi opinión es más una operación de marketing para buscar "the next big thing" una vez que el término Big Data se está empezando a desgastar, que una aportación de valor real y diferencial frente al resto de algoritmos presentados, pero el tiempo lo dirá.
- Mi recomendación práctica: céntrate por ahora en las familias de regresión (como regresión logística) y árboles

(como random forest) para resolver los problemas de negocio de tu empresa.

Evaluación del modelo predictivo

Cuando desarrolles un proyecto analítico, tu equipo o los consultores te van a presentar las "bondades" de los modelos que han generado.

Debes conocer a alto nivel lo que te van a presentar y cómo se interpreta para que no te "vendan la moto".

A continuación te cuento lo mínimo imprescindible que debes saber. Es un poco técnico, pero merece la pena remangarse la camisa.

El primer factor a tener en cuenta es si la variable objetivo del modelo es continua (por ejemplo ventas predichas) o dicotómica (por ejemplo probabilidad de contratación de un producto), ya que la metodología de evaluación es diferente.

En el caso de que sea continua (quiero predecir el ingreso año de cada cliente) la métrica estándar que se utiliza es la raíz cuadrada del error cuadrático medio, también conocida como RMSE.

Aunque suena muy complicado no es más que:

- restar el dato real al dato predicho. Ej. 15.000€ - 18.000€ = -3000
- elevarlo al cuadrado para no trabajar con negativos. Ej. 9.000.000
- hacer la media de ese dato para todos los clientes. Ej. 8.570.000

- hacer la raíz cuadrada para traerlo a la escala original. Ej. 2.927

Cuanto menor sea esta métrica significa que las predicciones del modelo se están desviando en menor medida de los datos reales y por tanto es mejor.

Si fuera cero el modelo sería perfecto.

En el caso de que sea dicotómica, que como decíamos antes son la mayoría de los casos de negocio en advanced analytics en la empresa, es un poco más complicado, pero hay que conocerlo.

Podemos hablar de dos tipos de instrumentos para realizar la evaluación: **indicadores y gráficos**.

En el apartado **indicadores** los instrumentos más importantes son la **matriz de confusión y los indicadores de precisión y cobertura**.

La **matriz de confusión** sitúa en las columnas los valores reales de la variable target (por ejemplo cuantos clientes compraron o no el producto) y en las filas la predicción del modelo (cuantos clientes el modelo predice que comprarán o no). Cuando realidad y modelo coincidan se considera un acierto y si no un error.

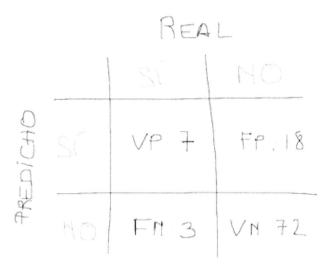

Donde:

VP: Verdaderos Positivos, ej. 7

FP: Falsos Positivos, ej. 18

FN: Falsos Negativos, ej. 3

VN: Verdaderos Negativos, ej. 72

Los principales indicadores que se construyen a partir de la matriz de confusión son:

Aciertos: VP + VN. O en porcentaje si se divide por el total de casos

Errores: FP + FN. O en porcentaje si se divide por el total de casos

Precisión (de los SI predichos cuantos son SI reales): VP / (VP+FP). Ej.: 7/25 = 28%

<u>Cobertura</u> (de los SI reales cuantos predice el modelo como SI): VP / (VP+FN). Ej.: 7 / 10 = 70%

Nota importante: precisión y cobertura son opuestos. Si se sube uno tiende a bajar el otro. Hay que decidir desde negocio qué objetivo interesa más. Normalmente esa decisión está muy condicionada también al impacto económico de cada caso.

Por ejemplo en un caso de fraude, mejorar la cobertura a costa de la precisión significaría capturar más casos de fraude real a costa de inspeccionar más casos, seguramente en este ejemplo cada nuevo fraude detectado compensará el coste de varias investigaciones con falsos positivos, así que interesaría priorizar la cobertura.

En el ámbito de marketing este es un concepto fundamental ya que tendremos que considerar el beneficio de más ventas contra el coste de cada acción comercial (que además será diferente en función del canal, el incentivo, etc).

Desde el punto de vista de evaluación mediante gráficos hay que conocer básicamente tres:

Gráfico de respuesta capturada:

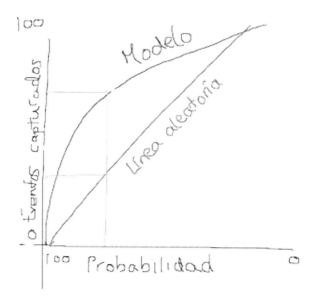

Mediante esta gráfica se determina el rendimiento obtenido por el modelo, ordenando de mayor a menor probabilidad asignada de cumplir el evento en el eje X y obteniendo en el eje Y el % de casos reales capturados en cada caso.

En el ejemplo, seleccionando el 10% de clientes más propensos, capturamos el 30% de los casos reales del evento. Seleccionando el 20% más propenso, capturamos el 50% de los casos reales,...

Una selección aleatoria de los casos viene representada por la diagonal roja. Cuanto más encima esté el modelo de esta diagonal, mejor se considera al modelo .

Gráfico lift o de elevación:

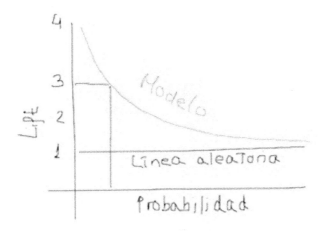

Mediante esta gráfica se determina el rendimiento obtenido por el modelo, ordenando de mayor a menor la probabilidad asignada de cumplir el evento en el eje X, y obteniendo en el eje Y un multiplicador de cuánto mejora el modelo una selección aleatoria de los casos (LIFT 1, línea aleatoria)

Se puede obtener un indicador del rendimiento del modelo fijando como valor el obtenido en el percentil 10. En el ejemplo el indicador LIFT del modelo al 10% sería 3: LIFT 3

Gráfica ROC:

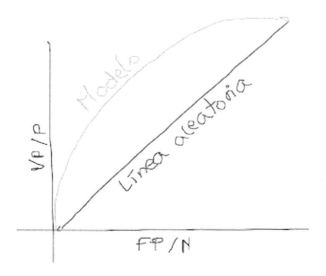

Curva de bondad de ajuste independiente del criterio de corte y la distribución de la target

Sensibilidad = VP/P reales

1-Especificidad = FP/N reales

Se puede obtener un indicador del rendimiento del modelo a partir de esta curva ROC, denominado **Área bajo la curva ROC, (AUC)** que toma valores entre 0,5 (aleatorio) y 1 (modelo perfecto). Se considera que es buen modelo si > 0.8

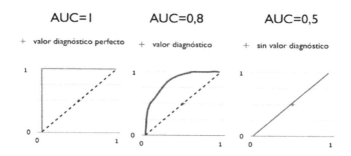

Como siempre, te voy a dar las recomendaciones prácticas:

- Si se necesita explicar los resultados del modelo a un público "de negocio" utilizar la matriz de confusión, los indicadores de acierto, error, precisión y cobertura, y el gráfico de respuesta capturada, ya que son conceptos un poco más imprecisos técnicamente pero muy fáciles de entender
- Si el interlocutor es técnico, por ejemplo un equipo de data scientist, se recomienda utilizar el gráfico ROC y el indicador AUC, que permiten una visión más precisa de la calidad del modelo

Y la pequeña chuleta (ver página siguiente) para que puedas consultarlo de forma rápida.

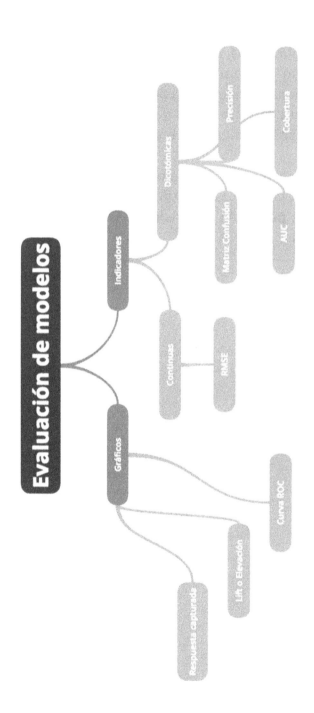

144

Bien, si has llegado hasta aquí leyendo con atención los detalles e interiorizando la metodología ya puedes respirar y descansar.

Esta ha sido la parte del libro más "dura" desde un punto de vista técnico pero era importante que bajáramos a ese nivel, ya no tanto de cara a las fases de diseño o venta de un proyecto analítico, pero sí a las fases de ejecución y seguimiento del trabajo.

Para terminar el capítulo dedicado a los algoritmos analíticos quiero hablarte de dos metodologías que son un poco diferentes a lo que hemos visto hasta ahora, pero que pueden aportar gran valor y están en auge en los últimos años.

Se trata del análisis de redes sociales (en adelante SNA del término en inglés Social Network Analytics) y el Text Mining.

Social Network Analytics

Lo primero es aclarar que cuando hablamos de SNA no estamos hablando de analizar las plataformas de redes sociales (Facebook, Twitter, etc.).

Podríamos analizar estas plataformas usando esta metodología, pero SNA es una aproximación mucho más amplia y que, en mi opinión, cuando es aplicada a otros casos de negocio que después te comentaré, mucho más potente.

El SNA consiste en analizar los patrones que surgen cuando los elementos de estudio (clientes, empresas,

nodos logísticos, etc.) interactúan entre sí, formando grupos o comunidades.

Esos patrones son algo totalmente diferente al análisis individual y nos aportan una información de muchísimo valor que de otra forma pasaría desapercibida.

En el capítulo de casos de uso veremos más detalle y ejemplos, pero déjame anticiparte ahora un caso para que entiendas de qué estoy hablando.

Imagínate un banco analizando el riesgo de crédito que presenta una empresa.

Cuando analiza individualmente la empresa según el proceso tradicional revisando su balance, su cuenta de resultados, calculando los ratios financieros e incluso visitando en persona las instalaciones, almacenes y estado de la maquinaria, todo parece absolutamente correcto y por tanto el riesgo parece bajo.

Sin embargo, cuando el banco aplica SNA y analiza la "comunidad" de la empresa, que en este caso se define como la red de clientes-proveedores, descubre que 4 de los 6 principales clientes de la empresa empiezan a presentar impagos.

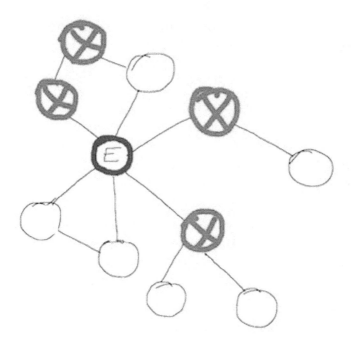

Muy posiblemente cuando esta empresa tenga que cobrar a 30/60/90 de sus principales clientes no va a cobrar gran parte y eso a su vez la pone en una clara situación de riesgo.

Si el banco no hubiera aplicado SNA nunca hubiera conocido esta información y posiblemente se hubiera encontrado con un futuro impago.

Más adelante veremos las aplicaciones de esta técnica al ámbito de marketing que te interesa más pero de momento vamos a continuar explicando la metodología.

Realmente SNA cuenta con cientos de años de historia, bajo el tipo de análisis que en matemáticas se conoce como análisis de grafos y se había aplicado sobre todo a problemas de optimización, por ejemplo minimizar los costes de desplazamiento de transporte logístico localizando las rutas más óptimas.

Te cuento los conceptos principales que debes conocer sobre el análisis de grafos clásicos.

El primero es el concepto de red (o grafo), que se compone de una serie de nodos conectados por relaciones.

En el caso anterior del transporte logístico los nodos serían los almacenes o las tiendas y las relaciones serían las carreteras que los conectan.

En el caso del riesgo de crédito los nodos serían las empresas y las relaciones serían las diferentes casuísticas por las que pueden estar conectadas, por ejemplo las relaciones de cobros y pagos, que compartan cierto tipo de contratos (ej. factoring) o que compartan socios/administradores/directivos.

Tanto los nodos como las relaciones tienen atributos.

Atributos de los nodos pueden ser: la facturación de la empresa, el número de empleados, su pasivo, su activo, etc.

Atributos de la relación pueden ser: volumen de las operaciones de compra venta, años de antigüedad de la misma, número de socios compartidos, etc.

Las relaciones pueden ser dirigidas o no dirigidas. Es dirigida cuando tiene un sentido de un nodo hacia el otro.

Por ejemplo en la relación entre la empresa A y la B una relación dirigida sería "número de compras que la empresa A le ha hecho a la B", mientras que una no dirigida sería "número total de compras entre las dos empresas" o "años que llevan teniendo relaciones comerciales".

La estructura de datos que se necesita para poder aplicar SNA tiene dos formatos principales.

El primero es conocido como lista de relaciones y básicamente es una tabla en la que tenemos todas las relaciones una a una y con los diferentes atributos como columnas.

Es decir las dos primeras columnas son los identificadores de los nodos y el resto de columnas las diferentes propiedades.

Las filas son las relaciones.

N1	N2	A1	A2	A3
A	B			
A	D			
B	C			
B	D			
B	F			

El gráfico anterior muestra un ejemplo de lista de relaciones.

El segundo formato es conocido como matriz de adyacencia, que es una tabla de doble entrada en el que tanto las filas como las columnas son los nodos y las celdas de intersección representan la fuerza de la relación u otros atributos.

	A	B	C	D	E
A					
B					
C					
D					
E					

El gráfico anterior muestra un ejemplo de una matriz de adyacencia.

Tanto en uno como en otro necesitaremos de al menos otra tabla adicional en la que tengamos cada nodo con sus atributos.

Nodo	A1	A2	An
A			
B			
C			
D			
E			

Dónde A,B,C, ... son los nodos y A1, A2, An son los atributos de los nodos.

En la práctica la lista de relaciones es más flexible y más fácil de construir y utilizar.

Cuando empezamos a aplicar algoritmos de análisis comienzan surgir ciertas propiedades o insights sobre los datos. Los más importantes son los siguientes.

Propiedades importantes de la red:

- **Densidad de la red**: es el número de relaciones que existen entre los nodos dividido por el número máximo de relaciones que podrían existir si los nodos estuvieran conectados todos con todos. Normalmente una red más densa es una red más cohesionada y más robusta
- **Camino más corto:** en una red existen múltiples formas de llegar desde el nodo A hasta el nodo B. Este indicador recoge cual el camino más corto posible entre esos dos puntos
- **Nivel de agrupación:** hay redes que tienden a agrupar a la mayoría de sus miembros en un bajo número de grupos, mientras que otras están formadas de muchos grupos con pocos miembros en cada una. La estrategia a aplicar es obviamente diferente en cada caso

Propiedades importantes de los nodos:

- **El grado de los nodos:** nos dice cómo de importante es el nodo dentro de la red en el sentido de popularidad. Básicamente es el número de relaciones totales que tiene cada nodo. Por ejemplo un almacén que está conectado con muchas tiendas posiblemente tenga una alta importancia en esa red de distribución. O un cliente que está conectado con muchos otros clientes posiblemente tenga un fuerte poder de prescripción
- **"Betweenness" o intermediación:** es el número de veces que un nodo en concreto está en algún "camino más corto" de cualquier otro nodo. La interpretación depende del contexto de negocio pero por ejemplo en

una red social nos identifica al individuo "que está en todos los fregados", o en una red de trasporte nos identifica aquellas sedes que si se destruyen pueden desconectar en mayor medida la red.

- **Closeness o cercanía:** se calcula como la media del número pasos que hay que dar desde un nodo para llegar el resto de los nodos de la red usando sus caminos más cortos. Nos indica la eficiencia de la red. Si quieres difundir un mensaje lo más rápidamente posible, o minimizar los km de una ruta utiliza los nodos con mayor "cercanía"

- **Eigenvector:** el nombre asusta un poco porque viene directamente de las matemáticas, pero básicamente lo que hace este indicador es tener en cuenta no sólo con cuantos otros nodos está relacionado cada nodo sino cual es la calidad de esos otros nodos. Por ejemplo en una acción de marketing viral podríamos elegir unos influencers que tuvieran una alto grado, es decir que tuvieran muchos amigos, pongamos que un influencer está conectado con 300.000 personas. O podríamos elegir otros que tuvieran alto eigenvector, por ejemplo uno que sólo tuviera 500 contactos pero entre ellos están Cristiano Ronaldo y Enrique Iglesias, cada uno con millones de contactos

Si las propiedades anteriores te han sonado un poco a chino no te preocupes porque realmente cualquier software analítico te las va a calcular directamente.

Lo que sí tienes que saber, y es lo que he intentado explicar, es cómo interpretar cada uno, el insight que te puede generar y cuando usar uno u otro en función del caso concreto.

Ahora bien, lo que te he contado hasta ahora es puramente la metodología analítica pero, ¿cómo se usa esto en un caso de negocio real en una empresa?

Básicamente cuando haces SNA sobre un problema real existen 4 fases. Te las voy a explicar usando como ejemplo el caso del análisis de riesgos introducido al inicio del capítulo.

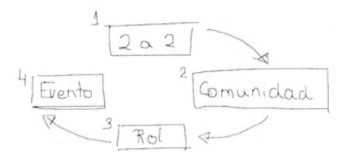

1. Identificar las relaciones dos a dos

En cada caso de negocio los criterios de qué es una relación serán diferentes, y es labor del analista definirlos. Es una fase más de negocio que analítica.

Lo que pretendemos es que cada nodo, esté relacionado con otros nodos en función de unos criterios que nos interesen según el objetivo de negocio.

En nuestro caso los nodos son empresas, y queremos que estén relacionados por criterios que pudieran tener impacto en que hubiera transferencia de riesgo crediticio de una empresa a otra.

Por ejemplo vamos a construir las relaciones utilizando información de cobros-pagos entre empresas (disponible en nuestro banco) y de compartición de socios/administradores (que compramos a una empresa de venta de bases de datos).

Una vez que tenemos ya todas relaciones una a una identificadas tenemos que cualificarlas, en el sentido de definir unos umbrales a partir de los cuales entenderemos que la relación es significativa.

Por ejemplo no tendría mucho sentido decir que dos empresas están muy relacionadas porque una le haya comprado en una única ocasión a la otra.

Esto disminuye el número de relaciones dejándonos realmente con las relevantes para continuar nuestro análisis.

2. Identificación de las comunidades

Hasta ahora lo que tenemos son relaciones una a una, pero queremos identificar grupos o "comunidades" de empresas que están relacionadas. En nuestro caso significa que tienen relaciones entre las empresas de su grupo significativamente más fuertes que con empresas fuera de su grupo.

Es importante aclarar que no estamos hablando aquí de grupos empresariales "oficiales" (por ejemplo el Santander con el resto de empresas de su grupo).

Cuando aquí hablamos de grupo, es del grupo que emerge del análisis de los datos y que por tanto no es el "organizativo" y "oficial", sino el grupo real y funcional de relaciones en el día a día.

Existen diferentes algoritmos y cada software puede utilizar diferentes variaciones, pero al final lo importante es que en este nivel ya hemos identificado un tipo de patrón que hasta ahora era totalmente desconocido. Aquí ya podemos hacer un número de análisis derivados importante, como número de empresas que forman cada grupo, si son estables en el tiempo o van cambiando, volumen de negocio gestionado en cada grupo, de cuantos clientes del grupo tenemos riesgo en el banco, riesgo total agregado en el grupo, o todo lo que se nos pueda ocurrir.

3. Identificación del rol individual dentro de la comunidad

En este punto tenemos identificadas todas las comunidades que existen en nuestros datos, y los diferentes miembros que pertenecen a cada comunidad.

Por ejemplo la comunidad 123 está formada por las empresas 34, 65, 23, y 89.

Pero todos los miembros no son iguales dentro de la comunidad. Ni en la importancia que tienen para nuestro objetivo ni en cuanto al rol que juegan dentro de la misma.

A un primer nivel de análisis existen tres grandes roles que un miembro puede tener en una comunidad:

- **Alpha:** son los miembros líderes o dominantes de la comunidad. La definición de liderazgo depende de cada caso concreto. Puede ser por ejemplo el cliente con mayor capacidad de difusión para un proyecto de marketing viral, o la empresa con mayor volumen de cobros y pagos, o el almacén con mayor entrada y salida de mercancías
- **Beta:** son el resto de los miembros de la comunidad que son influenciables por el/los miembros líder. Por ejemplo si la empresa con mayor volumen entra en

impago el resto de miembros beta de su comunidad van a entrar en situación complicada

- **Puente:** son un tipo de miembros que no tienen mucha liderazgo por sí mismos, y en muchos casos ni siquiera pertenecen a comunidades, pero son importantes porque son el puente entre comunidades importantes. El caso que poníamos antes del influencer que no tiene muchos seguidores pero entre los pocos que tiene se encuentran varias personalidades es un ejemplo de puente

4. Propagación del evento

Una vez que tenemos identificadas las comunidades y los roles de cada miembro es el momento de meternos en el objetivo que estamos persiguiendo: ventas virales, riesgo de crédito, identificación de fraude o lo que sea.

Sea cual sea el evento que nos interesa vamos a tener que contestar dos preguntas básicas:

1. **Cuál es el impacto que tiene la propagación del evento**
2. **Cuál es la velocidad de la propagación del evento**

En cuanto al impacto deberemos ser capaces de cuantificarlo para ver si realmente es un evento de interés para el negocio y para poder estimar las pérdidas estimadas y por tanto las ganancias si nuestro proyecto consigue reducirlo.

Por ejemplo, si un cliente que abandona la empresa no tiene impacto sobre el resto de clientes de su comunidad no merecerá la pena invertir esfuerzos en controlar la propagación.

Pero si descubrimos que por cada cliente que abandona se incrementa un 50% el riesgo de fuga del resto de los miembros de la comunidad el impacto es significativo y hay que actuar diseñando una campaña de retención.

Y aquí entra la parte del análisis de la velocidad de propagación, que lo que nos va a decir es el tiempo real que tenemos para actuar. Por ejemplo si el abandono del resto de los miembros de la comunidad se produce en menos de una semana sabemos que disponemos como mucho de 2 o 3 días para intentar retener con ofertas antes de que se vayan definitivamente.

Text mining

La última metodología que debes conocer es la minería de textos o text mining.

Ésta se ha vuelto fundamental en los últimos años debido a dos grandes factores:

- Web 2.0: es decir, el momento en que la web pasó a ser unidireccional donde unos grupos editoriales producían información y los usuarios la consumían, a ser bidireccional donde los usuarios tanto producen como consumen información. Y eso se transforma en una fuente de datos muy significativa para los analistas de datos y para las empresas
- Big Data: ya vimos al principio del libro que la tecnología Big Data ha facilitado tanto el almacenamiento como la explotación de información no estructurada

Por tanto nos encontramos con que actualmente, además de ser capaz de analizar la información contenida en CRMs o

Datamarts también tenemos que analizar información en formato textual.

Lo veremos más detalle en el capítulo de casos de uso, pero para que visualices de qué estoy hablando y puedas entender mejor la metodología que te voy a presentar, ésta se podría aplicar entre otros a: analizar encuestas de investigación de mercados, clasificar el sentimiento (positivo, negativo, neutro) de comentarios en redes sociales, saber automáticamente de qué está hablando una web, clasificar las incidencias presentadas por los clientes, etc.

Como te habrás dado cuenta con los ejemplos anteriores, partimos de la base de que tenemos que analizar texto absolutamente libre tal cual lo escriben las personas.

¿Y cómo podemos hacer eso y acabar convirtiéndolo en conclusiones cuantitativas?

A continuación te voy a enseñar la metodología pero sobre todo lo que me interesa es que te quedes con el siguiente gran secreto:

"Para poder analizar cualquier tipo de información con las técnicas avanzadas que ya conoces (modelos predictivos, segmentaciones, etc) el gran secreto es conseguir transformar la información inicial a una matriz en la que en las filas tengamos los objetos a analizar y en las columnas las diferentes variables"

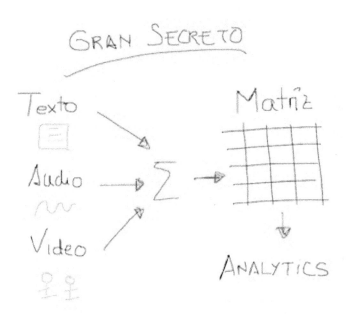

Sé que es de primero de analytics, pero vuelve a leerlo e intenta realmente comprender (no está mal escrito, he querido poner comprender y no comprender) la frase.

Cuando te enfrentes analíticamente al análisis de un tipo de información que es nuevo para tí acuérdate de que lo único que necesitas es una metodología que convierta la información a una matriz.

Y esa metodología para el caso de texto libre es la que te voy a enseñar a continuación.

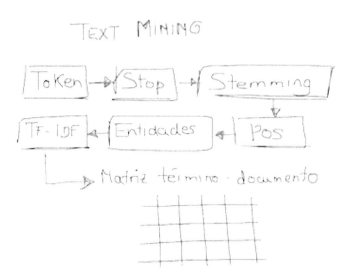

Tokenización: identificación y separación de las diferentes unidades que conforman el texto (básicamente palabras)

Stopwords: eliminación de palabras que no aportan información (artículos, determinantes, ...)

Stemming: búsqueda de la raíz de las palabras, para poder detectar que diferentes términos son el mismo, independientemente de la conjugación utilizada, si están en singular o en plural, etc.

Part of speech: identificación del rol que juega cada término en el total de la oración: sujeto, predicado, nombre, adjetivo, verbo, etc. Ya que puede modificar su importancia.

Reconocimiento de entidades: identificar entidades propias que aparezcan en la información, las más comunes son nombres propios de personas, ciudades, países, organismos, fechas, siglas, etc.

TF-IDF: Este es el algoritmo donde se produce la magia, por lo que vamos a verlo un poco más en detalle.

160

Es una fórmula matemática (que puedes encontrar fácilmente en internet) pero lo importante es entenderlo a nivel conceptual.

TF-IDF tiene dos componentes:

- TF: que viene de Term Frequency
- IDF: que viene de Inverse Document Frequency

El concepto de TF es "cuanto más veces aparezca una palabra (término) dentro de un texto concreto más representativa será sobre el contenido de ese texto". Por ejemplo si dentro de una incidencia de un cliente la palabra más repetida es comisión podemos entender que es una incidencia relacionada con el precio.

Por tanto TF no es ni más ni menos que el conteo de cada término dentro del texto general.

El concepto de IDF es "cuanto más veces aparezca una palabra (término) dentro del conjunto de términos que estamos analizando menos informativa será para poder caracterizar al texto concreto contra el resto de textos".

En el ejemplo anterior, si en todas las incidencias con las que estamos trabajando aparece la palabra comisión con alta frecuencia realmente es una palabra que no me permite diferenciar entre las incidencias y por tanto me aporta poco valor.

Entonces cuando se combinan ambos bajo el algoritmo TF-IDF y lo aplicamos al texto libre lo que nos devuelve es un número para cada combinación de término y documento.

A nivel de interpretación, lo que realmente nos está diciendo ese número es: "este término en concreto es muy representativo del documento en el que aparece, y además aparece muy poco en el resto de documentos, por tanto me sirve para poder identificar cual es el contenido de ese documento de forma diferencial frente al resto".

La salida final de TF-IDF es lo que se conoce como la matriz término-documento, y es esa "magia" que decía antes y que realmente ha aplicado el truco de convertir texto libre a una matriz.

Si te das cuenta esta matriz ya tiene el formato que necesitamos para aplicar casi cualquier algoritmo analítico, por tanto una vez llegado hasta aquí ya podríamos entre otras cosas:

- Aplicar un algoritmo de segmentación: ejemplo, un bufete jurídico nos pide acceder a toda la documentación histórica sobre los procesos que han llevado y agruparlos automáticamente según su similitud, para facilitar el acceso y consulta a sus abogados.
- Aplicar un modelo predictivo: ejemplo, un banco nos pide desarrollar un modelo que automáticamente "lea" y clasifique todas las incidencias escritas que recibe de sus clientes en función de su tipo: de precio, de servicio, de pérdida de documentación, etc. para poder enrutarlas automáticamente y en tiempo real al departamento correspondiente
- Aplicar sentiment: ejemplo una marca de automóviles quiere analizar los comentarios en redes sociales del nuevo modelo que han presentado al mercado

En conclusión, cualquier otro tipo de análisis de los que hemos visto en el libro ya sería posible sobre una información original en texto libre, porque hemos aprendido cómo transformarla en el formato necesario para aplicar analytics.

Puntos clave a llevarse de esta sección

En esta sección del libro hemos repasado los diferentes algoritmos de análisis que nos permiten transformar los datos en recursos analíticos para generar valor para el negocio.

Vamos a resumir los principales puntos que hemos visto y por qué son importantes para ti:

- Los 4 grandes tipos de analytics: Business Intelligence, descriptivo, predictivo y prescriptivo → el departamento analítico de tu empresa debería cubrir los cuatro
- Los principales conceptos de Business Intelligence: ROLAP, MOLAP y HOLAP, DataWarehouse y Datamart, Balance Scorecard y KPIs, ETL → te permiten entender qué está pasando en tu empresa y te ayudan a tomar decisiones de alto nivel
- Cómo Big Data convive y mejora Business Intelligence → ya estás capacitado para resolver la pregunta ¿ya tengo un BI, debería invertir en Big Data? Y en caso afirmativo cómo hacerlos convivir
- Qué es un Data Lake → elemento fundamental para un departamento de marketing que quiera poder hacer prototyping y pilotos como forma de seguir la velocidad del mercado
- Metodología paso a paso para desarrollar un modelo predictivo → ya puedes entender exactamente lo que van a hacer los equipos analíticos o consultores y tener mucho mejor entendimiento y supervisión del proyecto
- Algoritmos que se usan en un modelo predictivo y cuando usar cada uno → no más cara de Poker cuando te

empiecen a explicar los modelos analíticos que están desarrollando

- Cómo evaluar un modelo predictivo → o dicho de otra forma, cómo saber la calidad de lo que te están entregando
- Qué es Social Network Analytics, para qué se usa y metodología de desarrollo → ya puedes explotar esa potente información relacional que estaba latente en las bases de datos de tu empresa y ni siquiera sabías que existía
- Qué es Text Mining, para qué se usa y metodología de desarrollo → o la capacidad para poder analizar encuestas, incidencias, emails, tweets y en general cualquier información que esté en formato de texto libre

¿Te está gustando el libro?

Posiblemente te hayas decidido a comprar este libro gracias a los comentarios de otras personas.

Si te parece que el libro aporta valor, por favor ayuda a otras personas también a tomar su decisión escribiendo tu reseña en Amazon:

- Vete a esta dirección: http://bit.ly/opinionbigdata
- Escribe tu valoración y cuenta cómo este libro te ha ayudado

Te garantizo que leo todas las reseñas y me encantaría conocer la tuya!!

SECCION IV: CASOS DE USO

¿Qué vamos a ver en esta sección?

- Veremos ejemplos de para qué utilizan las empresas más avanzadas la tecnología y los algoritmos vistos en los anteriores capítulos
- Dado el enfoque del libro pondremos mucho énfasis en los casos de uso del ámbito de marketing y comercial
- Repasaremos las principales aplicaciones dirigidas a incrementar la cuenta de resultados de la empresa
- También aquellas que pretenden conocer mejor al consumidor y tomar decisiones estratégicas basadas en datos
- Pero también repasaremos más brevemente las principales aplicaciones de Big Data Analytics en otros ámbitos como riesgos o fraude
- Entenderemos por qué Analytics es uno de los pilares clave en cualquier proceso de transformación digital, y veremos los tipos de proyectos que se hacen en estos casos
- En total más de 20 píldoras de aplicaciones reales que te permitirán ver el uso de todo lo aprendido hasta ahora y pensar cómo aplicar en tu empresa los conocimientos de base que ya has adquirido

Bien, antes de seguir, repasemos donde estamos.

Hemos recorrido un largo camino en el que te he explicado las bases fundamentales para poder entender Big Data Analytics: la tecnología y las diferentes técnicas y metodologías de análisis.

Y la pregunta obvia es, muy bien **¿y todo esto para qué se utiliza en el contexto empresarial?**

En este capítulo vamos a describir los principales casos de uso.

Donde haré mayor énfasis es en los casos de negocio del ámbito marketing/comercial con una perspectiva fuertemente digital y de negocio, ya que es a lo que personalmente me he dedicado durante más de 15 años y por tanto donde te puedo aportar más valor y conocimiento.

Además este libro pretende estar dirigido al Director de Marketing y al CEO con perfil "creación de valor".

Pero al final del capítulo haremos también un rápido repaso por las principales aplicaciones en otras áreas como riesgos o fraude.

He recogido en este gráfico las que yo considero que son los principales casos de uso de Big Data Analytics. El resto de este capítulo lo dedicaremos a hacer una descripción de cada una de ellas.

Big Data Analytics

Customer Intelligence
- Segmentación/Valor/LTV
- Optimización de campañas
- Visión cliente
- Fidelización
- Abandono

Sandbox

Canal
- Potencial comercial
- Apertura / Cierre tiendas
- Optimización telemarketing

Riesgos
- Admisión clientes
- Aprobación crédito
- Análisis de cartera
- Recobro

Fraude
- Admisión
- Transaccional

Digital
- Digital Analytics
- Personalización tiempo real
- Real Time Bidding
- Migración canal digital

Social Network Analytics

Text Mining

168

Sandbox

Es curioso como muchas veces las cosas más sencillas son también las más valoradas por el usuario final.

Déjame que te cuente una pequeña historia personal.

Cuando trabajaba como consultor de Advanced Analytics en las que podríamos considerar consultoras multinacionales punteras en este tema, siempre estaba pensando en los últimos avances que pudiera llevar a mis clientes para aportarles valor.

Diseñaba complejos frameworks de personalización comercial multicanal, masiva, interactiva y en tiempo real que combinaban la última tecnología con los algoritmos más desarrollados.

Sin embargo, cuando estuve en el otro lado como Director de Analytics, lo que me importaba no era si Flink funcionaba mejor que Spark para el tiempo real, ni si Deep Learning conseguía mejores ratios F1 que Gradient Boosting Machines.

Lo que realmente me quitaba el sueño era algo tan sencillo como poder disponer de toda la información que teníamos en la empresa, poder integrarla con información externa, y poder prototipar y desarrollar soluciones analíticas con la velocidad que necesitaba el mercado, los clientes y los problemas de negocio que generaban oportunidades si se actuaba rápidamente.

Pero la realidad era que todo acceso a la información pasaba por el departamento de sistemas.

Si eran datos que estaban en Oracle el tiempo medio de espera para su extracción estaba entre 2 y 3 meses. Pero si eran datos que estaban en algún sistema legacy la petición se iba frecuentemente al rango de 5-6 meses.

No es culpa de los departamentos de IT, simplemente es que los objetivos de cada uno son diferentes.

Mientras que IT tenía como objetivo principal que todo funcionara y garantizar la producción y la facturación, o como ellos decían "que cada día al subir la persiana podamos abrir la tienda", para las áreas de negocio lo conseguido ayer ya no vale, y lo que necesitan es generar constantemente nuevas soluciones para el mercado y nuevas ventas.

Pero generar nuevas soluciones en analytics implica siempre experimentar.

Sólo hay dos formas de mejorar las soluciones analíticas: nuevos datos y/o mejores algoritmos. Y cualquiera de las dos implica I+D y probar muchas cosas que no funcionarán para encontrar las pocas que sí lo harán.

Esto es una absoluta necesidad para un área analítica o de marketing, pero sin embargo a nivel de todo el negocio obviamente es más difícil priorizar los desarrollos destinados a I+D que no tienen un retorno seguro, frente a los destinados al fulfillment del negocio actual.

La solución de Big Data que yo llamo Sandbox viene precisamente a resolver este problema.

Si recuerdas al principio del libro decíamos que Big Data tenía dos características (entre otras):

- Almacenamiento barato y virtualmente ilimitado
- Esquema ELT (Extracción-Carga-Transformación) frente al ETL tradicional. Es decir que guardamos los datos en bruto y los procesamos sólo cuando los vayamos a necesitar

A nivel práctico esto significa que podemos crear un Sandbox para las áreas analíticas y de negocio al que puedan acceder y explotar libremente sin tener que molestar a IT para este tipo de tareas.

Son entornos "quick and dirty", destinados a prototipar, investigar, iterar, probar nuevos datos, encontrar lo que funciona y ya en ese momento productivizarlo y pasarlo a IT para que ponga la solución en producción.

En el fondo un Sandbox no es más que una plataforma Big Data a disposición de las áreas de negocio. Que puede tener todas las características que ya hemos ido viendo anteriormente: on premise, en la nube o híbrida, con la arquitectura diseñada para el negocio concreto, con capacidad para aplicar las diferentes técnicas analíticas que hemos revisado, un Data Lake para arrojar los datos fácilmente, etc.

Los 4 componentes mínimos que debe tener un Sandbox son:

1) Data Lake: un entorno Big Data que pueda cargar y almacenar a bajo coste diferentes tipos de información sin necesidad de tener que transformarlos antes de cargarlos
2) Discovery: capacidad para ir haciendo analítica descriptiva, cruces de información, procesamiento masivo de información de forma eficiente y análisis

interactivo. El objetivo es que el analista pueda entrar al sistema y empezar a explorar con todos los datos buscando patrones e insights

3) <u>Advanced Analytics</u>: capacidad para desarrollar modelos estadísticos multivariantes, machine learning, text mining o social network analytics

4) <u>Prototipado</u>: desarrollo ágil de visualización y aplicaciones que resuelvan una necesidad de negocio concreta

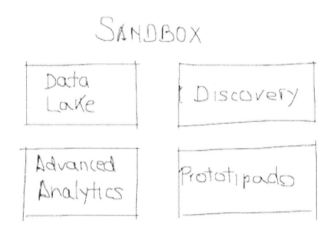

Un Sanbox permite a las áreas de negocio:

- Bajar tiempos de desarrollo de nuevos productos analíticos de meses a semanas
- Disponer de forma inmediata de los datos que pensamos que pueden aportar a una solución sin tener que hacer peticiones a Sistemas
- Probarlos, y si no funcionan simplemente dejarlos ahí para usos futuros
- Integrar rápidamente muestras de datos de terceros (proveedores o alianzas) para ver si aportan a nuestro negocio antes de cerrar acuerdos comerciales

- Crear prototipos en días que presentar a clientes para pruebas de viabilidad (el powerpoint ya no vende). Si el cliente tiene interés se desarrolla, si no, se descarta
- Ganar ventaja competitiva frente a competidores que tardan meses en desarrollar y por tanto llegan tarde al mercado o simplemente han desperdiciado su tiempo y dinero en soluciones que no quiere el mercado

Customer Intelligence

Esta es, en mi opinión, la aplicación de analytics que mayor valor puede aportar a una empresa y paradójicamente no es de las que mayor foco reciben.

El mayor activo que tiene una compañía son sus clientes, y Customer Intelligence, Customer Analytics, Gestión Avanzada de Clientes o como queramos llamarlo es la disciplina que se encarga de sacar el mayor partido posible a ese activo mediante la aplicación de metodologías analíticas.

Si preguntas a cualquier empresa todas te dirán que son Customer Centric, que tienen una visión 360 grados del cliente y que hacen todo tipo de segmentaciones y analíticas sobre los clientes.

Pero en mi experiencia te podría decir que en el 90% de ellas no se está explotando ni de lejos todo el potencial de Customer Intelligence.

Creo que esto es basado en dos factores principalmente:

El primero es la falta de foco en Customer Intelligence. Debemos admitir que las empresas no son entidades 100% racionales.

Más bien todo lo contrario. Especialmente en las más grandes existe todo un abanico de diferentes motivaciones que condicionan las decisiones. Y no siempre la maximización objetiva de beneficios está entre las primeras

Esta falta de foco lleva a que muchas veces los Directores de Marketing tengan que mantener su puesto invirtiendo su tiempo y esfuerzo en lo que toca en el momento, léase Likes, Menciones o presencia en la nueva plataforma de moda (Instagram, Snapchat, ...) más que en lo que de verdad genera ingresos, que en el fondo no es tan complicado:

1) Más clientes
2) Más ventas
3) Mayor ticket medio
4) Mejor pricing
5) Mayor retención

Es la famosa ley de Pareto, el 20% de tus esfuerzos producen el 80% de tus beneficios. Retira esfuerzos de lo superficial, céntrate en esas cinco palancas y verás como tu empresa no parará de crecer.

El segundo factor es que se aplican las técnicas de Customer Intelligence como si fueran recetas de cocina. Sin una estrategia comercial bien diseñada e implementada.

No es raro contratar a una consultora o encargar al equipo analítico interno el "hacer una segmentación". En ese momento en el que estamos poniendo el foco en la táctica en lugar de en la estrategia estamos arruinando todos los futuros esfuerzos antes incluso de empezar a trabajar.

Es como darle a alguien 20.000 euros y decirle que te compre un coche. Sí, te traerá un coche, y el coche seguro que es muy buen producto per se, pero nada tiene que ver si lo que tú necesitas es algo que consuma poco para ir a trabajar o si es un 4x4 para ir a la montaña.

Cuando una solución analítica se desarrolla únicamente aplicando la técnica sin entender el negocio ni el contexto, sin ponerlo en relación con los objetivos globales ni con alguna de las 5 palancas, sin conocer los clientes ni los usuarios de la solución, en definitiva sin aplicar materia gris ni conocer el "alma" del negocio, al final tendremos algo que funcionará, pero que ni de lejos supondrá el impacto que realmente puede llegar a tener.

Pero vamos a entrar ya en los detalles de las principales soluciones que Customer Intelligence puede aportar.

Segmentación

Si yo tuviera que seleccionar la palabra más importante en marketing sería sin duda "segmentar".

Existen muchas formas de segmentar, incluso cuando desarrollamos un modelo predictivo para marketing one to one podemos entenderlo como una forma de hipersegmentación (en el caso de usar árboles de decisión esto es hasta literal).

Pero vamos a tratar aquí la segmentación entendida como crear grupos de clientes que son lo más parecidos entre sí, a la vez que lo más diferentes al resto de los grupos.

Y, muy importante, que esa segmentación aporta sentido y valor al negocio.

Existen al menos tres segmentaciones que todo negocio debería aplicar:

Consiste en ordenar a los cliente por una métrica de valor, por ejemplo el margen, y crear de 3 a 5 grupos.

Prácticamente en todos los negocios nos encontraremos con una distribución de Pareto en la que un pequeño porcentaje de clientes nos está generando un alto porcentaje del margen.

Y aún más significativo, nos encontraremos un porcentaje de clientes que están consumiendo margen! Es decir, están costando más de lo que generan.

Hacer este simple ejercicio y diseñar acciones para cuidar a los mejores clientes, potenciar los intermedios y paulatinamente extinguir a los de margen negativo puede ser de lo más rentable que hagas en tu empresa

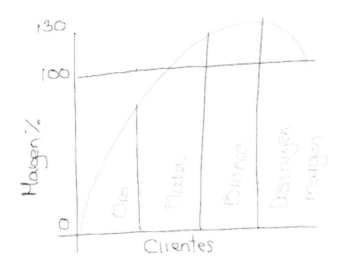

En este gráfico (ilustrativo) vemos cómo:

- Existe un segmento (Oro) que siendo el 20% de los clientes supone el 80% del margen
- Existen otros dos segmentos (Plata y Bronce) con rentabilidad positiva, que sumados al segmento Oro generan entre los tres un 130% del margen final
- Existe un último segmento de aproximadamente un 5%-10% de clientes con margen negativo que destruyen un 30% del margen generado por los otros

Segmentación por valor futuro

También se le conoce por **LTV (Life Time Value)**. Esta métrica es especialmente interesante en la captación de clientes.

El motivo es que captar clientes es caro. En televisión siempre lo ha sido, pero ahora lo es hasta en internet.

Hace unos años se podía captar clientes por ejemplo en AdWords (Google) de forma realmente barata. Pero actualmente no es raro que los costes de captación superen el margen que obtienes con la venta transaccional que haces al cliente.

Y la única manera de no quedarse fuera de juego en este escenario es ser capaz de estimar cual va a ser el valor del cliente, no en su primera venta transaccional, sino en toda su futura relación comercial con la empresa, e invertir sólo en la captación de los clientes en los que LTV sea mayor que el coste de captación.

Simplemente esta aplicación es un conjunto de estrategias, métodos analíticos, técnicas de generación de tráfico y de conversión que daría posiblemente para otro libro en sí mismo

Este gráfico muestra como inicialmente el coste de captación de los clientes es superior a su valor actual. Sin embargo, debido a la evolución de su LTV algunos superarán el punto muerto y generarán beneficio y otros no. La clave es ser capaz de diferenciarlos, identificar el perfil diferencial de los positivos y buscar activamente ese perfil en la captación, aunque sea a costa de un menor número absoluto de clientes captados.

Ciclo de vida

Se trata del momento vital en el que se encuentra el cliente. En la mayoría de los casos nos los marcará la edad por lo que es importante captar este dato sobre los clientes.

El momento vital es muy relevante para ciertos negocios ya que condiciona otros factores como tiempo libre disponible, dinero disponible, tipo de ocio (personal, familiar, pareja, ...), tipo de coche, primera y segunda residencia, necesidades de seguros, y un largo etc.

Con estas tres segmentaciones las empresas analíticamente más avanzadas crean una macro-segmentación, utilizando cada una de ellas como un eje de esta nueva segmentación que se llama **segmentación estratégica.**

Segmentación estratégica

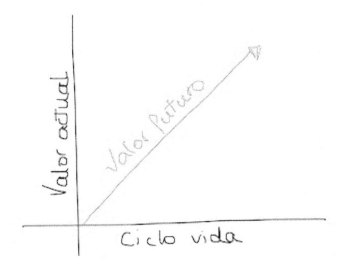

La segmentación estratégica nos identifica los grupos de clientes agrupados por sus diferentes valores de momento vital, valor actual y valor futuro.

Es un arma potentísima para generar diferentes estrategias comerciales en cada uno de esos segmentos, invirtiendo diferencialmente los recursos de la empresa (tiempo, dinero y esfuerzo) de forma alineada al valor de los clientes.

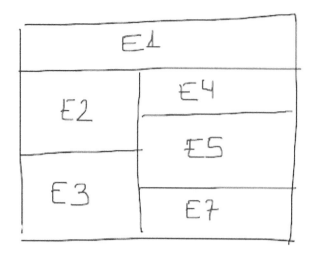

En el ejemplo del gráfico se han identificado seis macrosegmentos de clientes en función de los tres ejes anteriores. Y para cada uno de los segmentos se diseñará una estrategia diferente (E1, ..., E6) en términos de objetivos, presupuesto, productos prioritarios, canal de atención, etc.

Optimización de campañas

Esta ha sido una de las primeras aplicaciones de advanced analytics al ámbito empresarial y la razón es muy simple: es relativamente sencillo de hacer y funciona espectacularmente bien.

Se trata de desarrollar modelos predictivos (como los que vimos en el capítulo analítico) sobre el histórico de clientes para recoger bajo un modelo los patrones que diferencian a los clientes que potencialmente comprarán un producto frente a los que no.

Tradicionalmente la selección de público objetivo para las campañas comerciales se hace en base al conocimiento de negocio adquirido en campañas anteriores o en la suposición del perfil ideal para ese producto.

Por ejemplo podríamos pensar que un perfil objetivo para una berlina de lujo podría ser un hombre, mayor de 40 años y con ingresos superiores a 80.000€ anuales.

La aplicación de modelos predictivos se basa en el histórico de compras reales, por tanto los patrones que obtiene no son hipotéticos sino reales.

Además presenta otras ventajas como:

- **Identifica nuevos patrones** que no eran conocidos por el negocio
- Llegan a tipologías de clientes **no explotados ni saturados** comercialmente (ya que las reglas de negocio siempre van al mismo perfil) y por tanto consiguen mayores tasas de éxito
- **Evitan a los clientes que no van a comprar**: aunque una suposición tenga sentido de negocio, si los datos demuestran que históricamente ese perfil no compra los modelos no los incluirán entre sus seleccionados
- **Permiten bien conseguir más ventas** con el mismo tamaño de campaña (por tanto más ingresos) o conseguir las mismas con menor tamaño de campaña (por tanto menos costes). En cualquier caso mejora el retorno de inversión

No es raro que las campañas basadas en modelos de propensión multipliquen por 2 o por 3 las tasas de éxito de las campañas tradicionales.

Para aplicar esta metodología los pasos son los siguientes:

1. Crear una tabla con toda la información disponible de los clientes (sociodemográfica, de productos y de comportamiento) y una variable que indique si el cliente tiene o no contratado el producto sobre el que se quiere hacer la campaña

2. Desarrollar un modelo de propensión que normalmente seleccionará entre las 8-12 variables más predictoras y devolverá la probabilidad que cada cliente tiene de comprar ese producto

3. Ejecutar ese modelo sobre los clientes que se quieren priorizar. Normalmente serán todos los clientes que todavía no tienen el producto más los nuevos clientes que vayan entrando

4. Si el tamaño de la campaña es fijo seleccionar los clientes de mayor a menor scoring hasta completar el tamaño de los botes

5. Si el tamaño de campaña no está fijado revisar el gráfico de respuesta capturada, ¿te acuerdas?, que nos dirá en qué punto la curva de propensión comienza a perder pendiente y por tanto la tasa de éxito comenzará a disminuir

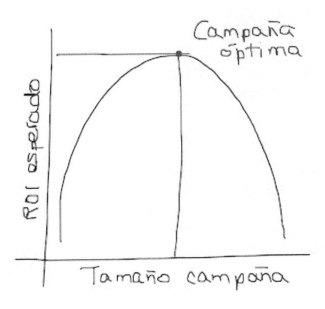

Este gráfico muestra cómo se puede incluso estimar analíticamente por adelantado el punto óptimo de Retorno de Inversión de una campaña. Si se tiene en cuenta la tasa de éxito esperado según el gráfico de ganancias junto con el ingreso medio por venta y el coste medio por acción se puede calcular el momento en el que la curva de ROI cambia de tendencia y por tanto el tamaño óptimo de la campaña.

El modelo una vez creado y validado se pone en producción, de tal forma que cada vez que se quiera ejecutar de nuevo una campaña para ese producto se volverá a ejecutar sobre la base de clientes y actualizará el scoring de cada cliente.

Por último, ten en cuenta que los modelos tienen una vida útil. Un modelo bien desarrollado puede mantener su poder predictivo entre 2 y 3 años sin problemas, salvo que durante ese tiempo haya un cambio brusco de la situación de mercado (por ejemplo la crisis de 2008), de la estrategia comercial (se comiencen a captar un tipo diferente de clientes) o de la base de clientes (se compra e integra una empresa competidora).

Cuando el modelo pierde su capacidad predictiva hay que entrenarlo de nuevo.

Visión cliente

Es raro que una empresa no diga que está aplicando una visión cliente, pero cuando empiezas a profundizar realmente son muy pocas las que lo están haciendo.

Para poder decir que estás aplicando una visión cliente desde un punto de vista analítico se necesitan dos requisitos:

1. Disponer de un sistema de información en el que tengas accesible y accionable todos los datos desde una visión del cliente. Es decir, que para cada cliente pueda acceder a toda la información que tengo sobre él independientemente de cual sea el origen de la misma. Normalmente esto se resuelve mediante un datamart comercial o un datamart analítico.
2. Disponer de modelos predictivos para TODOS los productos o servicios que el cliente pueda comprar

Vamos a dar por hecho el punto 1 y pensar que ya tenemos un datamart analítico en el que tenemos para cada cliente todas sus variables: sociodemográficas, qué productos tiene, cuales ha cancelado, qué nivel de uso hace de los servicios, resultados de campañas comerciales anteriores, uso de canales, etc.

Y vamos a ver cómo desarrollar el requisito número 2.

Básicamente, desde un punto de vista comercial, lo que significa trabajar a nivel cliente es que no vamos a orientar la actividad comercial por producto (como en la aplicación anterior), si no que lo vamos a hacer pensando en cómo podemos optimizar nuestro mejor activo, que es la cartera de clientes.

Al final los que compran son personas, y las interacciones comerciales las tenemos con personas, y estas interacciones tienen la característica de que son limitadas.

Es decir, **cada interacción es una oportunidad comercial, y no tenemos infinitas.**

No podemos llamar infinitas veces a cada cliente, ni enviarle infinitas cartas o emails.

El cliente no va a estar infinitas veces en nuestra web o app, ni va a llamar infinitas veces al servicio de atención al cliente.

Por tanto trabajar a nivel de cliente significa optimizar cada interacción potencialmente comercial con un cliente. Y eso pasa por conocer el posible interés que el cliente puede tener por cada uno de nuestros productos y servicios.

Trabajando a nivel producto estamos usando la fuerza bruta, sabemos que el cliente está interesando en el producto porque, a priori, le hemos seleccionado por tener un buen scoring, pongamos que del 80%.

Pero no sabemos si existe otro producto en el que pudiera tener un scoring del 90%, y por tanto estamos infra-utilizando esa interacción.

Cuando, sin embargo, tenemos calculado un modelo de propensión para cada uno de los productos/servicios que ofrecemos la situación es totalmente diferente.

Ahora sí sabemos con certeza los 3-5 productos por cada cliente individual que estadísticamente van a maximizar los resultados del agregado de nuestra acción comercial.

Podemos empezar a diseñar campañas comerciales no para el producto X o el producto Y, sino para el cliente 234 o el 256, y podemos hacerlo de forma masiva y automatizada.

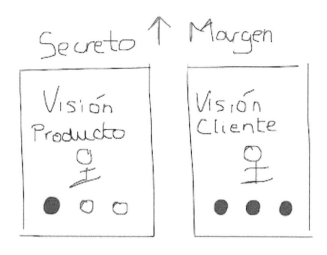

Pasar de una visión producto a una visión cliente permite detectar todas las necesidades no cubiertas del cliente (representadas por los círculos vacíos en el gráfico) y generar acciones comerciales acorde a ellas, pasando a incrementar el número medio de productos por cliente y por tanto el margen general.

Los sistemas comerciales que hacen esto se llaman Next Best Activity (también Next Best Action, Next Best Sell, ...) en el sentido de que son capaces de identificar cual es la mejor acción comercial que se puede realizar con cada cliente cuando se produzca la siguiente interacción con el mismo.

No te voy a decir que es una solución analítica sencilla, de hecho es un esfuerzo relevante. Pero es el mayor nivel de personalización comercial al que puede llegar una empresa permitiendo que todas sus inversiones en digitalización y multicanalidad comiencen a dar sus frutos.

En este sentido puedes verlo como que, cuando una empresa invierte en estar en la mayor parte de canales y plataformas posibles, y en tener coordinados e integrados todos esos canales, lo que está haciendo realmente es construir las tuberías para poder contactar con los clientes.

Pero le falta el contenido que fluye por esas tuberías. De acuerdo, ahora ya tiene la forma de contactar pero ¿Qué producto ofrezco?¿Con qué oferta?¿Con qué mensaje comercial?¿Con qué incentivo?

Esas preguntas son las que se resuelven mediante un sistema Next Best Activity y que permiten trabajar realmente a nivel de cliente.

Los sistemas Next Best Activity actuales basados en plataformas Big Data son capaces de incorporar información no estructurada al sistema (comentarios del cliente en encuestas de mercado, incidencias presentadas, notas del gestor en la agenda comercial, ...) y de incorporar información de lo que el cliente está haciendo en tiempo real (ej. en la web o en la app)

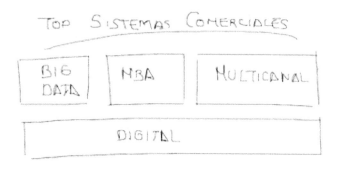

Los sistemas comerciales más avanzados integran los recursos de ingesta y análisis de datos de Big Data, con la inteligencia de la personalización avanzada de NBA y la capacidad de llegada al cliente de la multicanalidad. Todo ello soportado en una migración de los procesos tanto internos como de la experiencia del cliente al mundo digital. Este es el esquema que están siguiendo los mayores bancos, aseguradoras, telcos y utilities de España.

Fidelización/Desarrollo

Este es uno de los puntos más críticos para un negocio, y sin embargo de los peor explotados.

En el mundo CRM siempre se trabaja con una base existente de clientes, es decir, de alguna forma es un activo que "te viene dado". Y como con cualquier otra cosa que te llega "sin esfuerzo", se tiende a infravalorar su potencial.

Sin embargo, en el ámbito del marketing de captación de clientes se sabe desde hace mucho la importancia de la base de clientes.

Los americanos dicen que "the money is in the list", y hay gente que ha hecho auténticas fortunas con listas de 5.000-10.000 clientes sabiendo explotarla bien.

Pero muchas veces he escuchado a consultores de CRM cuando empiezan un proyecto decir cosas como "¿esta empresa sólo tiene 50.000 clientes? Con eso no podemos hacer gran cosa".

Una base de 50.000 clientes es auténtico oro, y qué decir de las bases de clientes de los bancos o las eléctricas, con millones de clientes, y que además operan en un modelo de recurrencia, es decir todos los meses los clientes pagan sus facturas, letras o comisiones.

Sin embargo hay otros sectores que no operan en modelos de recurrencia, como por ejemplo el retail o los viajes, donde el cliente sólo paga cuando compra y esa compra puede ser más o menos frecuente pero no es una compra segura.

En estos sectores hace ya décadas que se introdujeron los programas de fidelización.

Estos programas tienen dos grandes objetivos. El más directo es, como su nombre indica, fidelizar. Es decir, como la siguiente compra conmigo no es segura incentivo al cliente a que me vuelva a comprar a mi por medio de puntos, descuentos o ventajas.

Sin embargo ese no es el objetivo principal. **El verdadero objetivo por el que surgieron estos programas es porque nos permiten captar los datos de clientes, mediante el uso de las tarjetas de fidelización.**

Más adelante vamos a ver las técnicas que podemos usar en este apartado de fidelización, pero ya te adelanto que todas tienen una característica común: necesitan toda la información que tenemos sobre el cliente para ser efectivas.

Volviendo al caso de un banco, éste tiene un universo de información sobre sus clientes: edad, sexo, donde viven, cuanto ganan, las deudas que tienen, qué y dónde compran, qué coche tienen, si están ahorrando o si llegan pillados a fin de mes, etc.

Sin embargo, si esa misma persona va a comprar a un supermercado es alguien totalmente anónimo, compra, paga y se va. Y el supermercado no tiene opción de poder fidelizarlo más allá de imprimirle unos cupones con descuentos genéricos que normalmente van directamente a la primera papelera porque no están nada personalizados.

Por tanto, para las técnicas de fidelización que veremos en este apartado, vamos a suponer que tu empresa dispone de la típica información CRM sobre los clientes, bien porque opera en un modelo de recurrencia, o bien porque has implantado un programa de fidelización.

Antes de repasar las técnicas me gustaría hacer dos matizaciones.

La primera es que fidelizar es un término muy amplio, y existen muchas formas de mantener la fidelidad de un cliente que no son analíticas. Por ejemplo todos los aspectos relacionados con la mejora de experiencia de usuario, la mejora de procesos (reducción de tiempos, digitalización, formación del personal de atención, etc.).

Siendo este un libro sobre Big Data Analytics no entraré en ese tipo de factores sino que me centraré en los recursos analíticos que podemos utilizar para fidelizar.

La segunda matización es que el concepto de fidelización se asocia muchas veces a mantener los niveles de vinculación de un cliente. Y esta es una visión que, en mi clasificación, está realmente más cerca del siguiente apartado que veremos: la retención.

Por tanto en las siguientes líneas yo voy a entender fidelización no como mantenimiento sino como desarrollo de cliente, ya que además como veremos más adelante yo considero que la mejor manera de fidelizar un cliente es consiguiendo que nos compre más.

Pero, ¿cómo incorporamos el concepto de fidelización, que es algo un poco etéreo, en una visión analítica?

Introduciendo dos métricas que deberían ser kpis fundamentales en el cuadro de mando de toda empresa: **la vinculación y la cuota de cartera del cliente**.

Vinculación

La **vinculación** nos dice cómo de fidelizado está un cliente desde el punto de vista de la empresa. Es decir, de todos los productos/servicios que un cliente podría tener (normalmente relativizado a su segmento) cuántos realmente tiene.

Un cliente que tiene todo lo que puede tener está un 100% vinculado, mientras que el que tiene 1 de 10 está al 10% de vinculación.

Esta es una aproximación muy sencilla para que se entienda el concepto. En la realidad la vinculación se calcula de forma algorítmica y más compleja, por ejemplo teniendo en cuenta que cada producto no vincula igual (una hipoteca no vincula igual que una tarjeta de crédito) así como otros factores de volumen, frecuencia, etc.

Pero lo importante es que con esta métrica podemos medir y por tanto crear objetivos cuantitativos de incremento de vinculación en la cartera de clientes.

Y lo más importante, es un cañonazo directo a la cuenta de resultados. ¿Cuánto subirían tus ingresos si incrementas un 20% el número medio de productos por cliente? Haz la cuenta.

Ahora bien, decíamos antes que la vinculación mide la fidelización desde el punto de vista de la empresa. Esto es, cómo puedo llevar al máximo la penetración de los productos y servicios que tengo actualmente en mi cartera de clientes.

Pero no la mide desde el punto de vista del cliente.

Por ejemplo, mi empresa vende 5 productos, y el cliente 123 tiene los 5, es decir un 100% de vinculación.

Pero adicionalmente a los míos, el cliente compra otros 5 productos (que yo le podría haber vendido también) a la competencia.

Cuota de cartera

Eso es la **cuota de cartera** del cliente, cuanto porcentaje del total del gasto que el cliente hace en la categoría en la que mi negocio trabaja estoy capturando yo.

En este ejemplo, el cliente tiene un 100% de vinculación, pero sólo un 50% de cuota de cartera.

Estratégicamente esta métrica nos está diciendo que ya no tenemos recorrido de crecimiento con los productos/servicios actuales y deberíamos incorporar nuevos para seguir dando servicio a nuestros clientes y aumentar la facturación total.

Calcular la cuota de cartera es más complicado porque requiere datos externos, normalmente de estudios de mercado, anuarios, encuestas oficiales o de proveedores de información, que nos permitan comparar por segmento de cliente cuanto gasta con nosotros vs. el gasto en la categoría.

Esto lleva lógicamente a una pérdida de precisión, pero no es muy relevante, ya que al ser una métrica más estratégica nos da igual que el dato sea un 52% o un 57%, lo que realmente nos interesa es poder saber en grandes números si estamos dando cobertura al total de necesidades del cliente y si existe recorrido de nuevos productos.

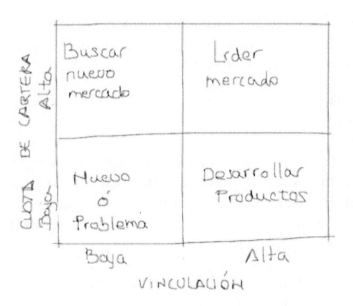

Cómo leer esta matriz: si tenemos una vinculación baja pero a la vez una baja cuota de cartera puede significar que, o bien somos nuevos en el mercado en cuyo caso sería una

situación normal, o bien que tenemos un problema de ajuste producto-mercado.

Si tenemos alta vinculación pero baja cuota de cartera significa que hay un problema en el portfolio de producto. Existen necesidades de los clientes objetivo para las que no tenemos producto, y por tanto hay que generar nuevos productos.

Si tenemos baja vinculación pero alta cuota de cartera significa que ese nicho ya tiene poco recorrido y se debe buscar la expansión a nuevos nichos.

Si tanto la cuota de cartera como la vinculación son altas significa que dominamos el mercado y hay que aplicar prioritariamente estrategias de mantenimiento y retención.

Una vez establecidos esos conceptos clave voy a contarte las principales técnicas que, desde el ámbito analítico, se utilizan para fidelizar/desarrollar a los clientes.

Y además quiero serte muy sincero con el sesgo de mi aproximación.

Como ya te comenté anteriormente tengo la firme opinión de que **la mejor manera de fidelizar es consiguiendo que el cliente nos compre más, o si quieres verlo desde el otro punto de vista, la mejor forma de fidelizar es vendiendo.**

Soy personalmente más escéptico con las típicas acciones de clubes de fidelización, como darle descuentos al cliente en los partners del club para el parque de atracciones, comprar neumáticos o tus nuevas gafas.

No digo que no funcionen, pero admito mi sesgo hacia la línea más "dura" de fidelizar vendiendo por tres motivos principales:

1. Lo he visto analíticamente decenas de veces: ampliaremos en el apartado de retención pero, ¿cuál es la variable que siempre sale como la más significativa en los modelos analíticos de retención? Efectivamente, el número de productos que tiene el cliente, es decir, la vinculación

2. Es más fácil de operar y es más relevante para el cliente: si yo ya soy cliente de tu empresa ¿qué piensas que me va a interesar más: que me hagas una buena oferta personalizada de tus productos o un 15% para el parque de atracciones?

3. Genera ingresos! Es decir, la fidelización ya no es un centro de coste, ni siquiera una actividad en la que justificamos su retorno de forma indirecta al estilo "mira lo hemos dejado de perder", sino que se convierte en una palanca generadora de ingresos por si misma

Pues bien, atendiendo a esta forma de fidelizar existen 3 grandes recursos analíticos que podemos poner en marcha: eventos, motores y modelos.

DESARROLLO DE CLIENTES

EVENTOS ➕ MOTORES ➕ MODELOS

Vamos a describir cada uno de ellos.

Se trata de acciones no buscadas directamente por la empresa pero que ocurren, y que generan oportunidades de incrementar la vinculación.

Cuando se identifican estos eventos se les asocia una acción comercial que debe ser realiza de forma casi inmediata implantándola en sistemas de automatización de marketing o gestores de campañas.

Ejemplos típicos pueden ser:

- Vencimientos y renovaciones de productos → oportunidad para upgrades o ventas cruzada
- El cliente realiza una simulación de un préstamos al consumo en la web → necesita financiación
- Carrito abandonado → email o llamada de "has tenido algún problema"
- Cliente que llama a atención al cliente y se le resuelve la incidencia de forma satisfactoria → oferta instantánea de renovación o producto por impulso
- Cliente que ha comprado una maquinilla de afeitar → ofrecer cuchillas
- Etc.

Las técnicas analíticas a utilizar son las que veíamos en los apartados de discovery y de business intelligence.

Normalmente los eventos se identifican por conocimiento de negocio y posteriormente se lanzan queries analíticas para ver la frecuencia real en la que esos eventos están sucediendo y estimar si van a tener impacto en el negocio antes de implantarlos.

Para los eventos que consisten en "si compra el producto A ofrece el B" se utilizan algoritmos como los sistemas de recomendación o las reglas de asociación.

Motores

Son parecidos a los eventos en el sentido de que son reglas si→entonces, pero con la diferencia de que no existe un disparador.

Por tanto no necesitan una respuesta tan inmediata como los eventos y pueden ser usados de forma más estratégica, por ejemplo lanzándolos cuando nos falta un empujoncito a final del trimestre para llegar a objetivos.

O también pueden ser implantados para funcionar de forma constante y automática, generando más vinculación y más ingresos recurrentemente.

Como decía antes no existe un suceso disparador, sino que la regla de activación es una regla definida desde el negocio. Para entenderlo mejor veamos algunos ejemplos:

- Cliente con más de 15.000€ de saldo ocioso en la cuenta → oferta de depósito
- Cliente que no ha comprado nada en los últimos 3 meses → cupón para descuento directo en tienda con vencimiento en 15 días
- Cliente que durante 2 meses haya agotado su consumo de megas → ofrecer siguiente tarifa con más megas
- Cliente que tiene asegurado un vehículo monovolumen → ofrecer seguro de vida con el argumento de "ten protegida a tu familia"

197

Como ves, la manera de generar motores es similar a los eventos. Desde negocio se identifican situaciones que pueden suponer una oportunidad comercial y analíticamente se estudia si tienen una frecuencia e impacto esperado relevante.

Modelos

Por último tenemos los modelos predictivos, que ya los hemos visto extensamente, tanto a nivel técnico como su aplicación.

Por tanto aquí simplemente volver a recordar que se trata de construir modelos estadísticos, que dejaremos totalmente automatizados y que de forma constante trabajarán en "segundo plano" para calcular scoring de propensión de compra de cada producto en cada cliente.

Son un excelente complemento a los eventos y motores ya que no se desarrollan en función de conocimiento de negocio sino de una forma totalmente data-driven y en consecuencia identifican nuevos patrones y reglas que no habíamos detectado y generan un volumen de oportunidades mucho mayor.

Los eventos y motores suelen tener tasas de conversión mucho mayores que los modelos, pero en contrapartida los modelos son capaces de identificar mucho mayor volumen de oportunidades comerciales. Los motores están en medio.

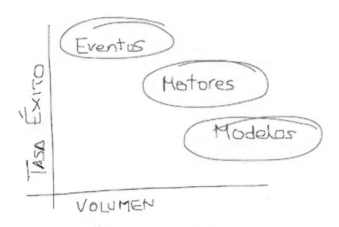

Los eventos responden a acciones del cliente, por tanto indican un momento óptimo y suelen tener tasas de conversión más elevadas, pero por otro lado son mucho menores en número que las oportunidades comerciales que identifican los modelos predictivos.

Cuando implantamos un sistema comercial combinando eventos, motores y modelos predictivos estamos construyendo una auténtica máquina de generación continua de nuevas oportunidades comerciales que lanzar a los canales.

Y lo más importante, lo estamos haciendo con los clientes que ya tenemos, sin tener que invertir en marketing de captación (que es mucho más costoso) y al mismo tiempo que fidelizamos y por tanto aseguramos el negocio a medio plazo.

Abandono

Relacionado con el párrafo anterior hay un dato que ya se ha convertido prácticamente en un mantra, y es que es 10 veces más caro captar un nuevo cliente que mantener uno existente.

Parece algo obvio pero vamos a profundizar un poco en esto y en sus consecuencias.

Primero vamos a entender por qué se produce este efecto.

Está claro que para poder actuar comercialmente sobre un cliente tenemos que contactar con él a través de algún canal.

En el caso de un cliente existente el único coste es el coste operativo del canal. Lo que cueste unitariamente la llamada del call center, de la carta o del email.

Sin embargo en los nuevos clientes hay que añadir el coste de la publicidad, en sentido amplio, que es realmente el gran coste. Y entonces sucede lo siguiente.

Hay que invertir en publicidad en los canales mediante los cuales podemos llegar a la audiencia objetivo, sea televisión, radio, redes sociales, etc.

Los canales tienen unos espacios limitados por lo que todas las marcas que intentan ocupar esos espacios para llegar a la misma audiencia van a competir, lo que incrementa el precio de la publicidad.

¿Hasta cuando sube el precio? Como veíamos en el apartado de captación hasta que las empresas que sólo entienden el modelo transaccional ya no pueden invertir más y se ven expulsadas.

Te recuerdo que el modelo transaccional es que si yo gano 50€ con la venta al cliente por la que estoy compitiendo (la transacción) lo máximo que podré invertir en captar esa venta son 50€. A partir de ahí pierdo dinero.

Frente a esto las empresas que entienden el modelo relacional, es decir que han calculado y saben usar el Life Time Value invierten más de 50€ porque aunque la transacción salga negativa la relación sigue siendo positiva.

Más allá de la estrategia comercial de captación, que ya hemos visto, a lo que quiero llegar aquí es a entender el por qué de que captar es mucho más caro que retener.

Sin embargo a nivel de crecimiento neto, captar y retener aportan lo mismo. Si el objetivo del año es tener 100 clientes más, conseguimos el mismo efecto:

1. Captando 500 y perdiendo 400
2. Que captando 200 y perdiendo 100

Pero obviamente la alternativa 2 será mucho más rentable, ya que el coste de retención es inferior al de captación.

Pese a esto, las empresas mayoritariamente siguen entendiendo la función del Director de Marketing mucho más volcada hacia la captación que hacia el crecimiento neto.

Esto puede tener sentido en las grandes empresas dominadoras de un sector, donde la cuota de mercado puede ser estratégicamente más importante que la rentabilidad en un momento determinado.

Pero es un error en la mayoría de las empresas, que donde deben centrar sus esfuerzos en el la cuenta de resultados.

Además, la aproximación analítica a la retención de clientes presenta una ventaja fundamental. Nos permite enfocar los esfuerzos y presupuestos de retención con una precisión casi milimétrica.

Y esto se hace calculando los siguientes dos factores:

• Probabilidad de abandono de cada cliente
• Impacto económico del abandono de cada cliente

La probabilidad se calcula como ya habrás imaginado desarrollando un modelo de propensión de los que ya hemos visto.

Sin embargo los modelos con finalidad de prevención del abandono son los más avanzados, debido a la complejidad adicional que tiene la variable target, esto es, definir qué es abandono.

En venta cruzada es muy sencillo, el cliente ha comprado un producto que no tenía, pero en abandono es más complejo de lo que inicialmente parece.

Pongamos el ejemplo de un banco. ¿Qué es abandono? ¿Cuando el cliente cancela todos sus productos y cuentas?

Podemos definirlo así pero hay dos problemas.

1. Normalmente cuando eso sucede el cliente ya no es recuperable. Bien se ha enfadado monumentalmente por algo que el banco ha hecho, o se va a trabajar al extranjero, o ha hecho una hipoteca con otro banco y necesita tener allí toda la vinculación. Son situaciones en las que la mayoría de las acciones de retención no serán efectivas
2. Llegamos tarde. Es decir, aunque no fuera un motivo insalvable, en el momento en el que el cliente ya se lo ha llevado todo y por tanto salta la alarma en el sistema, ya es demasiado tarde para recuperarlo con éxito

Por ello la definición de abandono para modelizar tiene que ser algo más "blanda". Por ejemplo "que el cliente haya cancelado la mitad de los productos contratados y además todavía tenga al menos 100€ en la cuenta.

Podemos entender que nadie va a dejar 100€ muertos en la cuenta. Pero, ¿por qué 100€? ¿Por qué no 50€? ¿O 200€?

Y, ¿durante cuanto tiempo el cliente tiene que estar en esa situación para considerar que es un abandono? Si sólo debe estar un mes puede ser que haya sido una situación esporádica, necesitaba el dinero pero al mes siguiente vuelve a meter dinero en cuenta, por tanto sería un falso positivo.

Pero si esperamos a que el cliente cumpla esos criterios durante 3 meses seguidos quizá ya estemos llegando tarde de nuevo, y las acciones de retención no van a ser efectivas.

No hay una definición objetiva. En cada sector y negocio la definición es diferente y los criterios concretos se obtienen con un trabajo analítico en cada caso particular.

Por ello te decía antes que son los modelos más delicados de construir.

Pero una vez construido, y si se ha hecho bien, nos aporta esta información esencial: nos identifica con antelación los clientes que tienen mayor probabilidad de abandono en las próximas semanas, es decir:

1. Sabremos concretamente sobre qué clientes, entre los miles o cientos de miles que tenemos, debemos concentrarnos
2. Tenemos tiempo suficiente para articular una campaña de retención

Y el segundo gran factor que debemos calcular es el impacto económico de cada abandono en caso de producirse.

Esto es más sencillo. Si tenemos ya calculado el valor del cliente como veíamos en el apartado de segmentación podemos usarlo directamente, y si no, podemos usar una métrica como el margen anual del cliente.

Normalmente discretizamos ambos factores en tres tramos cada uno, resultando una matriz de 9 segmentos que es un recurso fundamental para optimizar el retorno de inversión de las acciones de retención.

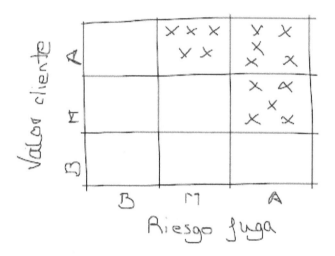

El gráfico muestra los clientes que deben ser objetivo de las campañas de retención. Distribuir todo el presupuesto de retención sólo sobre estos tres cuadrantes permite tener más presupuesto por cliente, y por tanto mayor tasa de retención, al tiempo que un mayor volumen total de negocio retenido.

Esta es otra de las palancas que va directa a la cuenta de resultados. Estima cuanto supondría en tu negocio reducir en un 20% la tasa de abandono y lo verás.

Otras aplicaciones:

Bueno, como te había anticipado hemos dedicado la mayor parte de este capítulo a revisar las aplicaciones en el ámbito del Customer Intelligence, ya que considero que es el ámbito en el que Analytics puede aportar mayor valor.

Pero me gustaría repasar también, aunque eso sí, de forma ya mucho más breve, el resto de áreas en las que actualmente se está aplicando para que tengas una visión general de todo el valor que Big Data aporta a una empresa.

Continuemos con el ámbito digital.

Transformación Digital

Digital Analytics

Englobamos aquí todas las aplicaciones de las técnicas vistas en el capítulo de algoritmos a los canales digitales.

Desde la analítica web, que mide las impresiones, usuarios, páginas vistas, tasas de rebote, comportamiento de los usuarios en el site, etc. para poder detectar pérdidas de oportunidades comerciales y optimizar el tráfico y la conversión.

Hasta la segmentación de los usuarios digitales, utilizando técnicas multivariantes como por ejemplo kmedias para conocer como son y cómo operan digitalmente los diferentes clientes que tenemos en estos canales.

Personalización en tiempo real

Estas aplicaciones usan toda la información disponible sobre el cliente, además de la que se está capturando en el canal en tiempo real, para identificar en tiempo real la mejor acción comercial que podemos hacer sobre el cliente.

El grado de complejidad es variable, desde usar la tecnología Big Data, como Kafka, Storm o Spark Streaming para capturar las acciones del cliente en tiempo real y mostrar unas u otras acciones comerciales simplemente en base a reglas de negocio predefinidas, hasta sistemas de recomendación híbridos y complejos que diseñan en tiempo real la combinación de producto, oferta y mensaje que mejor funcionará para cada cliente.

Creo que, dado el ámbito de este libro, merece la pena que nos detengamos un poco más en explicarte qué son y cómo funcionan los sistemas de recomendación, ya que seguramente estarás escuchando mucho esta palabra.

Se suele explicar qué son los sistemas de recomendación con el ejemplo de Amazon, ya que fueron de los primeros en explotarlo comercialmente de forma masiva y todo el mundo ha tenido la experiencia como usuario comprando en Amazon.

Como ya sabrás es el típico apartado de "los clientes que han comprado X también han comprado Y" que te aparece en las fichas de los productos que estás mirando cuando estás en un e-commerce.

Hay ciertos negocios para los que los sistemas de recomendación son absolutamente estratégicos. Por ejemplo, el propio Amazon dice que el 30% de sus ventas vienen gracias a ellos. O Netflix, que dice que el 70% de las visualizaciones de sus usuarios son de películas recomendadas por la aplicación.

Además debes saber que la tecnología de los sistemas de recomendación no se usa únicamente en los casos de compra online en el canal web, sino que el mismo motor analítico se puede usar por ejemplo para personalizar las ofertas que envías en correos electrónicos, la venta cruzada que le haces a un cliente por teléfono cuando llama para comprar otra cosa o incluso los cupones que sacas en línea de caja a tus clientes si eres un supermercado.

Pero ¿qué son los sistemas de recomendación desde un punto de vista analítico?

Al igual que ocurre con la mayoría de los proyectos analíticos la realidad es más compleja que la teoría, y un sistema de recomendación real se suele construir de forma personalizada a cada caso concreto integrando varios de los formatos que te explico a continuación.

Pero por hacerlo sencillo, déjame que te explique los formatos "puros" de sistemas de recomendación, aunque recuerda que en la realidad combinaremos e integraremos varios.

Básicamente podemos decir que **hay dos grandes grupos de sistemas de recomendación: los basados en filtrado colaborativo, y los basados en contenido.**

Los de filtrado colaborativo son los que utilizan las coocurrencias de compras históricas, esto es, la frase que veíamos antes de "los clientes que han comprado X también han comprado Y", pero NO utilizan atributos propios de los objetos.

Por ejemplo en el caso de películas usarán "los clientes que han visto Uno de los nuestros también han visto Scarface", pero no usarán la información de que ambas son del género de gangsters, ni su año de producción, ni quien son sus directores y actores.

Por el contrario los basados en contenido usarán esos atributos que hemos listado (y muchos otros similares) pero no usarán las coocurrencias históricas.

Esto hace que cada uno tenga sus fortalezas y debilidades.

Por ejemplo los de filtrado colaborativo, como no utilizan los atributos de los productos, son mucho más generalizables. Es decir, si eres un e-commerce que vende diferentes categorías de productos puedes usar el mismo algoritmo para recomendar películas que aparatos de electrónica o ropa de deporte.

Sin embargo, con los basados en contenido tendrías que usar un algoritmo diferente para cada una de esas categorías, ya que por ejemplo los atributos de películas (actores, director, género, etc.) no sirven obviamente para recomendar ropa de deporte.

Por otro lado, los de filtrado colaborativo presentan el problema que se llama "arranque en frío", que significa que, como necesitan coocurrencias de compras históricas para poder generar recomendaciones, cuando introduces un nuevo producto en el catálogo no lo vas a poder utilizar hasta que se haya generado una muestra histórica de venta de ese producto junto con otros.

Los basados en contenido no tienen ese problema, ya que si por ejemplo introduces una nueva película en el catálogo, esa película ya tiene la información que el algoritmo necesita como el año, el director, el género, etc. Por lo que la recomendación funciona desde el primer momento.

Como te comentaba antes, crear un buen sistema de recomendación en la realidad, es más un arte que una ciencia, combinando los diferentes tipos ya vistos con reglas de negocio, con segmentaciones, con dimensiones de la estrategia, como priorizar volumen, o margen o liquidar stocks, etc.

Pero en todos los negocios en los que el inventario disponible (sean productos, contenidos, banners publicitarios, etc.) exceda en miles de veces la capacidad del canal (por ej. en la web el usuario sólo recorrerá 30 productos, en un móvil 10, etc) los sistemas de recomendación son prácticamente obligatorios, ya que precisamente consiguen extraer de los miles de ítems disponible los que más le van a interesar al cliente.

Real Time Bidding

Esta aplicación está en cierta medida relacionada con los sistemas de recomendación pero en un contexto de negocio muy particular que es el modelo publicitario online que se conoce precisamente como Real Time Bidding, o en adelante RTB.

RTB es una forma diferente a la tradicional de comercializar la publicidad, que ha venido creciendo de forma importante durante los últimos años.

Consiste en que, frente al modelo tradicional, en el que se compraban un número de impresiones en un soporte concreto que se emitían con poco grado de personalización, ejemplo "compro 5 millones de impresiones en la sección de deportes de El País", RTB promete que esas impresiones se van a generar en tiempo real de forma dinámica y personalizada al soporte concreto (la web) y el usuario concreto.

Es decir, **pasamos de comprar medios a comprar audiencias.**

Veamos un ejemplo para entenderlo.

Una persona que está navegando por internet entra a un blog. Pongamos que este blog tiene 3 "huecos" en los que mostrar publicidad: el banner superior principal y dos banners laterales. Con RTB la publicidad concreta que se mostrará en cada hueco se decide en tiempo real mediante una puja de todos los anunciantes interesados en esa impresión.

¿Y cómo deciden los anunciantes (o sus "agencias") que están interesados en esa impresión? Pues por supuesto mediante Big Data Analytics.

Pero antes de que te explique qué algoritmos son los que participan, déjame que te describa un poco más el contexto de negocio para que puedas entender bien este formato publicitario.

El ecosistema, de forma muy resumida, está formado por los siguientes actores:

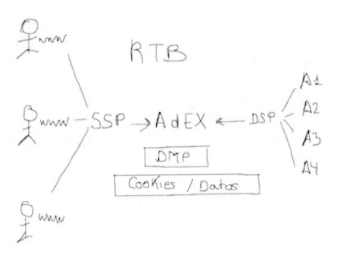

Cookie: podríamos decir que es el usuario que está en una web. No es exacto ya que una cookie realmente es un archivo que el navegador deja en el ordenador del usuario para reconocerle. Por tanto una cookie no se identifica unívocamente con un usuario, sino más bien con la combinación ordenador-navegador.

Soporte: son las webs en las que existen "huecos" para insertar publicidad. En el gráfico los representamos con los www.

Inventario: es el conjunto de "huecos" disponible, y por tanto lo que se subasta. Recordemos que estos huecos son dinámicos, en cuanto un anuncio se imprime el hueco vuelve a quedar libre para la siguiente subasta.

Supply Side Platforms (SSP): aquí las cosas empiezan a complicarse. Como los soportes pueden ser millones empiezan a surgir una especie de "agencias" que agregan esos soportes, y luego "agencias" que agregan "agencias", y se forman los SSP que son esa especie de "agencias" que representan las agregaciones de todo el inventario disponible en los soportes.

Anunciante: las empresas que quieren llegar con sus anuncios a sus audiencias objetivo. En el gráfico se los represento con A1, A2, …

Demand Side Platforms (DSP): son el equivalente a los SSP pero por el lado de los anunciantes, es decir, agregan la demanda de espacios y audiencias para insertar publicidad por parte de las marcas.

AdExchanges: son los "mercados" en los que se casa la oferta de inventario con la demanda de anunciantes y se resuelven las pujas para ver quien gana esa impresión y por tanto impacta al usuario en esa web en ese momento temporal concreto.

Data Management Platforms: son las empresas especializadas en gestionar la tecnología y datos para optimizar todo el proceso anterior.

Este ecosistema es dinámico y realmente más complejo, con otros actores como más intermediarios, empresas de enriquecimiento de datos, etc. Pero dejemos aquí el nivel de detalle porque es el suficiente para entender la aplicación de Big Data a este negocio.

De todo el proceso y estructura anterior te habrás fijado en que existen 3 retos fundamentales para que todo esto funcione, y son precisamente los que resuelve Big Data en este caso:

1. Decidir si una impresión con un usuario y soporte concreto le interesa a un anunciante para que puje por ella
2. Decidir cuanto le interesa, es decir el precio con el que va a pujar

3. Que todo esto suceda en pocas decenas de milisegundos para que no represente un impacto en la experiencia de usuario

La tercera es pura tecnología, y no es complicado siempre y cuando la primera y la segunda se realicen en milisegundos, y ahí es donde entra Big Data, ya como verás a continuación los algoritmos que se utilizan tienen que utilizar analítica avanzada.

Básicamente hay que resolver dos problemas:

- El potencial interés de la impresión → modelo de personalización publicitaria en tiempo real
- El precio a pagar → modelo de pricing en tiempo real

Para decidir el interés de la impresión se tienen en cuenta varios factores, pero los principales son:

- Quien es el usuario (más propiamente la cookie) y si es un perfil que me interesa. Se utilizan algoritmos de behavioural targeting que, explicado de forma muy simplificada, lo que hacen es calcular un perfil sociodemográfico que puede estar detrás de la cookie en función de sus datos de navegación. Por ejemplo, si la cookie ha sido vista en webs de futbol, de motor y de videojuegos el algoritmo le asignará alta probabilidad de ser un hombre entre 25 y 40 años
- Cual es la temática del soporte: ¿recuerdas cuando vimos Text Mining en el capítulo de técnicas analíticas? Pues es lo que se utiliza aquí analizando el texto de la web para clasificarla según su temática: economía, cine, deportes, etc.
- La posición del "hueco": obviamente tienen diferente valor y por tanto diferente precio para la puja

- Información de contexto: día y hora (no es lo mismo el estado mental de una persona que está navegando un lunes a las 12 que un viernes a las 22:00), si es pc o móvil, dispositivo, navegador, etc.

Con todo ello el algoritmo decide si es una impresión que interesa o no al anunciante. Recordemos que el objetivo final de todo esto son más clicks a menos precio gracias a la personalización.

E igual de importante es el algoritmo de pricing. Básicamente es un algoritmo de optimización que intenta encontrar el mejor balance entre pujas ganadas (si se paga muy poco no se ganarán pujas y por tanto no se conseguirán clicks) y el coste para anunciante (si se paga mucho se está gastando más de lo necesario).

RTB está todavía en fase de consolidación, aunque en España ya tiene una penetración superior al 20% (y en Estados unidos al 30%), todavía debe encontrar su hueco. Pero sin duda es un ámbito con mucho recorrido para Big Data.

Migración al canal digital

Como sabes la mayoría de las empresas llevan ya algunos años inmersas en el proceso de transformación digital.

Muchas de las aplicaciones que hemos visto ya, o que veremos en el resto del capítulo, son aspectos clave dentro de la transformación digital.

Pero aquí quiero simplemente señalar una de las más directas, que por su sencillez y rápidos resultados resulta un Quick Win para comenzar este tipo de transformaciones.

Se trata de ayudar a la migración de clientes a los canales digitales.

De nada sirve invertir en actualizar canales (web), crear nuevos (aplicaciones, redes sociales, ...), reestructurar los procesos y definir una excelente experiencia de usuario digital si al final los usuarios siguen yendo a las oficinas para hacer sus gestiones o queriendo recibir sus facturas en papel impreso.

A la hora de establecer ese plan de migración de clientes, es muy directo utilizar los algoritmos de discovery, segmentación comportamental y de modelos predictivos que hemos visto para poder identificar early adopters, influencers, segmentar y priorizar el esfuerzo y coste de las campañas de migración optimizando los objetivos y el ROI.

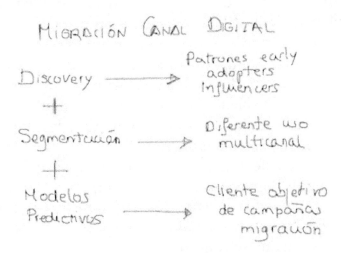

Riesgo de crédito

En el mundo del riesgo de crédito se llevan utilizando técnicas analíticas avanzadas desde hace décadas.

215

Las principales aplicaciones en el ciclo de vida del cliente desde el punto de vista del análisis de su riesgo son las siguientes.

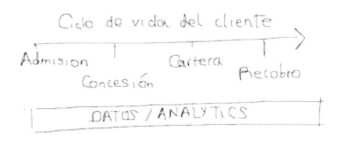

- **Análisis de admisión:** utilizando la información que se pueda captar sobre el potencial nuevo cliente y en algunos casos también de Bureau (empresas que centralizan la información de la mora de los consumidores) se desarrollan modelos predictivos que calculan la probabilidad de impago de ese consumidor devolviendo un rating (clasificación en varios niveles de riesgo), que empresas como bancos, telcos o suministradores de energía utilizan para decidir si aceptan o no la solicitud de admisión del cliente
- **Concesión:** ante la solicitud de algún tipo de financiación por un cliente estos modelos analíticos calculan cual es la probabilidad de impago y una estimación del importe que no sería devuelto en caso de impago. Esto ayuda a saber si se puede conceder o no la financiación dentro de un riesgo razonable y también a saber el límite de esa financiación que se concederá
- **Cartera:** los mismos análisis que se hacen en el momento del estudio de la concesión de la financiación se deben hacer de manera periódica, ya que las condiciones de los clientes pueden mejorar o empeorar. Lo que da pie a un seguimiento del riesgo general de la cartera así como a oportunidades de ampliación de riesgo

- **Recobro:** una vez que un cliente ha entrado en mora se pueden realizar modelos analíticos para predecir su probabilidad de salir de la misma, la parte de la deuda que se podría recuperar y segmentar y priorizar las acciones de recobro

No obstante en esta aproximación tradicional todavía existen bastantes desafíos, que son precisamente en los que Big Data promete tener un potencial y en los que las empresas más avanzadas en este campo están invirtiendo.

Algunos de los más importantes son:

- **PSD2**: se trata de una normativa europea que obliga a los bancos a conceder el acceso a terceros de la información bancaria de un cliente (obviamente con consentimiento del cliente). El potencial para Big Data aquí es tremendo, especialmente en países como España en los que los Bureaus de crédito sólo trabajan con "información negativa", esto es, sólo tienen datos de las personas que han impagado un crédito, pero no tienen información de las personas que no han impagado como ocurre en los países con "información positiva"
- **Uso de datos alternativos:** España es una sociedad muy bancarizada, donde prácticamente el total de la población tiene posiciones o productos en el sistema financiero. Sin embargo esa no es la situación general en el mundo, ya que existen multitud de países en los que la bancarización no supera el 20% o 30%. Esto lógicamente representa un desafío a la hora de calcular las métricas vistas anteriormente. Por ello se está realizando bastante investigación en saber si otros datos que sí podríamos obtener sobre los solicitantes, como por ejemplo los basados en redes sociales o en el uso del teléfono móvil, pueden resultar buenos predictores del riesgo de crédito

- **Información no estructurada:** ¿cómo podemos utilizar información pública pero no estructurada como por ejemplo informes sobre empresas, foros de internet, sentiment analysis, artículos de analistas, etc. para incorporarlos en los modelos de valoración del riesgo de empresas?

Fraude

El análisis de fraude es otra de las grandes aplicaciones históricas de Advanced Analytics.

Podríamos decir que existen dos grandes tipologías:

- **Fraude en admisión**: se produce cuando se falsean los datos utilizados para solicitar un proceso de admisión. Puede ser desde una aplicación a un crédito o la contratación de un servicio hasta el acceso a sitios en los que se necesite una identificación como cuentas bancarias, etc. Se divide a su vez en dos grupos: en primera persona, es decir cuando es el propio solicitante el que falsea sus datos, o en tercera persona, que es cuando la persona que está intentando acceder lo está haciendo con datos de un tercero
- **Fraude transaccional:** es el que se produce en algún tipo de transacción, normalmente de carácter monetario. El caso más prototípico es de clonación o sustracción de tarjetas de crédito o cuentas bancarias

En admisión se está aplicando Big Data por ejemplo para la localización de datos públicos, pero no necesariamente de fácil acceso (registros), que permitan hacer un chequeo de la información que está aportando el solicitante con esta información capturada a modo de contraste de veracidad.

O por ejemplo también se están construyendo scorings de probabilidad de fraude en base a la información de los clientes en redes sociales.

En fraude transaccional, incluso la Administración Pública ha empezado a utilizar técnicas como Social Network Analytics, Text mining, modelos predictivos y discovery para detectar fraude en ámbitos como el Tributario o la Seguridad Social.

Por ponerte un ejemplo para hacerlo tangible. Existe un fraude conocido como "empresas ficticias" que básicamente consiste en que se crean empresas que contratan a trabajadores para ser despedidos posteriormente y cerrar la empresa a continuación. Generando así el derecho del trabajador a la prestación por desempleo, que el trabajador repartirá con el supuesto empresario. Pues bien, con SNA se ha detectado que existen grupos (comunidades) de trabajadores-empresarios reincidentes y recurrentes, de tal forma que cuando se produce el alta de una nueva empresa se pasa por un scoring que calcula su probabilidad de fraude y permite a los funcionarios anticiparse al mismo.

También podríamos incluir en este grupo, aunque no es exactamente lo mismo, toda la tecnología Big Data que se aplica en la lucha contra el terrorismo o en la inteligencia gubernamental.

Si estás interesado en este tema te recomiendo que busques información sobre Palantir, una empresa que en mi opinión representa el estado del arte en la integración avanzada de todas las técnicas que hemos visto en este libro, y ver su cómo su software en ejecución integra información estructurada, no estructurada, de tiempo real, aplica SNA y realiza discovery es un espectáculo de Big Data.

Curiosamente no es muy conocida, aunque fue lanzada por uno de los fundadores de Paypal, fue de las primeras empresas de Big Data en ser un unicornio (valoración superior a 1.000 millones de dólares) aunque ahora vale varias decenas de veces eso, y su CEO es invitado a las reuniones del club Bilderberg.

Merece la pena que le eches un ojo.

Existen muchas más aplicaciones que me he dejado fuera, y se podría profundizar mucho sobre las comentadas. Podríamos hablar de la aplicación al canal, como cálculo del potencial comercial de diferentes geografías para abrir o cerrar tiendas, optimización de call centers para telemarketing, o todo lo relacionado con IoT (internet de las cosas), Smartcities, mantenimiento preventivo de infraestructuras, planificación de la red de tuberías gasísticas, ... El universo de aplicaciones de Big Data es prácticamente ilimitado.

Pero creo que con las vistas en este capítulo ya te haces una idea de cómo se pueden usar en la realidad, para crear toneladas de valor, todas las tecnologías, algoritmos y metodologías que hemos visto en el resto del libro.

Entendiendo esos conceptos clave, esas "piezas de Lego", el resto ya es sólo valorar en cada situación de negocio cómo se deben combinar para afrontar un nuevo desafío de negocio que resolver mediante Big Data.

Puntos clave a llevarse de esta sección

En esta sección por fin hemos visto las aplicaciones empresariales reales que tienen todos los recursos tecnológicos y analíticos que aprendimos en los primeros capítulos.

Es aquí cuando todo cobra sentido.

Hemos repasado casi 20 aplicaciones, 20 "puzzles" que surgen con la combinación correcta de todos esos recursos.

Pero lo más importante es que creo que ya estás en disposición de entender todas las piezas que componen Big Data para montarte tus propios puzles.

Nunca dos situaciones de negocio serán iguales, y cuando a uno le dan una solución cerrada y le dicen que es lo que se necesita, no le queda otra que hacer un ejercicio de fe y guiarse por su instinto.

Pero ya no más, **ahora ya eres capaz de diseccionar el puzzle, entenderlo y proponer los ajustes que necesitas en tu caso particular**.

Y como muestra de lo que puedes esperar como "producto final" hemos visto en estas 20 soluciones cosas como:

- Cómo darle a un departamento de marketing la independencia que necesita con un Sandbox
- Cómo explotar el mayor activo de la empresa, los clientes, incrementando ventas y margen con segmentaciones, Life Time Value, optimización de campañas, eventos, motores y modelos predictivos, modelos de retención y optimización de la captación
- Cómo insertar Big Data y Advanced Analytics en el proceso de transformación digital, con soluciones como digital analytics, personalización en tiempo real, real time bidding o migración al canal digital

- Cómo los departamentos de riegos usan modelos predictivos para evaluar el riesgo de una operación, calcular un rating de cliente, estimar la posible pérdida, anticipar el impago y optimizar el recobro
- Cómo Big Data se está utilizando en ámbito del fraude, transaccional o de admisión, y en el interesante campo de la inteligencia y seguridad gubernamental

Pero insisto, lo realmente importante es que, con lo visto hasta ahora ya tienes todo lo necesario para que cuando te enfrentes a un problema en tu empresa:

- Sepas reformularlo desde un punto de vista analítico
- Puedas situarlo dentro del marco conceptual de alguna de las 20 aplicaciones que hemos visto
- Puedas definir una metodología a alto nivel y las fases del proyecto
- Sepas seleccionar los algoritmos que pueden resolver ese problema y por qué
- Sepas definir la arquitectura tecnológica y los componentes que debe incluir

BONUS: La compra de este libro también incluye el acceso gratuito a un mini-curso para que aprendas a crear tu primer modelo de machine learning en R en una semana

Este libro es funcional, es decir, no encontrarás en él nada de código. Pero si quieres dar un paso más y ver si Data Science puede ser para ti en el mini-curso tendrás un primer contacto con el trabajo típico de un Data Scientist, incluso aunque nunca antes hayas programado en ningún lenguaje ni conozcas todavía los algoritmos:

- Resolverás un caso de negocio (sobre mantenimiento preventivo) similar a un caso real, aunque muy simplificado
- Tendrás todo el código en R ya creado. Así la primera vez simplemente puedes ir dando a ejecutar e ir aprendiendo metología, viendo lo que hace e interpretando los resultados.
- Recibirás 3 videos durante una semana en los que te iré guiando paso a paso para que vayas aprendiendo
- Desde una perspectiva práctica y de negocio. No es necesario tener experiencia previa en data science ni siquiera en programación

Si quieres acceder a esta formación adicional gratuita, con casi 4h de videos y todo el código preparado y testar si Data Science puede ser para ti apúntate en http://www.desafioml.com

SECCION V: DIRECCION DE BIG DATA

¿Qué vamos a ver en esta sección?

- Esta sección es posiblemente mi favorita, por ser también quizá la más personal
- Todo lo visto hasta ahora es "objetivo", en el sentido de que se trata de la tecnología, los algoritmos y los casos de usos reales y existentes en el mercado
- Sin embargo te advierto de que esta sección será más "subjetiva", ya que en ella te comparto mi propia experiencia y aprendizajes en lo relativo al management de Big Data
- Te explicaré por qué la generación de "producto analítico" es diferente que la de cualquier otro producto
- Te daré mi visión sobre el mercado actual de analytics
- Te describiré la estructura, roles y perfiles que debe tener un equipo analítico
- Te daré consejos sobre la gestión de este tipo de equipos
- Conocerás la forma correcta de abordar un proyecto de Big Data (y más importante, la forma incorrecta)
- Repasaremos diferentes configuraciones organizativas si quieres migrar tu empresa hacia una data-driven
- Te desvelaré los errores fatales en el diseño de un Centro de Excelencia (COE) analítico que pueden convertirlo en una bomba de relojeria
- Y veremos los principales retos a los que tendrás que hacer frente con (casi) total seguridad en ese proceso de transformación analítica

Conforme va madurando el uso de Big Data Analytics en las empresas, comienzan a surgir, especialmente entre las más grandes, nuevos roles profesionales que se responsabilizan de aplicar todo lo que hemos visto en este libro a la generación de resultados.

Estas posiciones pueden tener diferentes nombres como "Director de Data & Analytics", "Director de Data Science", "Head of Data Insights", "Chief Data Officer", "Responsable de Big Data", etc, en función de que el rol esté más o menos sesgado hacia alguna función concreta: la tecnología, los datos o analytics, y de el nivel jerárquico de la posición y la estructura organizativa de la empresa.

Pero en el fondo conceptualmente se trata de lo mismo: **cómo ser capaz de explotar toda la información interna y externa para a través de algoritmos analíticos generar valor para la empresa.**

Ese valor puede ser en forma de insights que la propia empresa utilice para vender más, incrementar el margen o mejorar las operaciones de sus propios productos, o puede ser en forma de productos o servicios analíticos que ofrecer a otras empresas.

Creo que el término que mejor puede agregar todo lo anterior es "Director de Big Data Analytics", por lo que en adelante usaré este nombre de forma genérica para referirme a cualquiera de los roles de arriba.

En cualquier caso el Director de Big Data Analytics se encontrará con cuatro funciones principales que no son estrictamente técnicas ni analíticas, si no de gestión:

1. **Producto y mercado**: deberá conocer el mercado, la competencia, los principales tipos de "productos analíticos/servicios" y todo lo referido a qué se necesita para construirlos: qué datos, tecnología, algoritmos, competencias profesionales, y para venderlos: venta consultiva, presentaciones eficaces, demos, ...
2. **Estructura de la unidad y gestión del equipo**: todo lo referido a la definición de puestos necesarios, selección, formación y motivación de los equipos de trabajo
3. **Gestión de Proyectos**: cómo diseñar, construir, ejecutar y garantizar la calidad de los proyectos vendidos a clientes
4. **Relación con otras áreas**: cómo gestionar la relación con otras áreas relacionadas como IT, Marketing y Ventas para construir un entorno de trabajo colaborativo y reducir las fricciones que a buen seguro surgirán entre los diferentes equipos

Estas cuatro funciones ocuparán el 90% del tiempo del Director de Big Data Analytics.

Si eres un CEO en busca de esta posición para tu empresa tengo una noticia mala y una buena.

Siempre me gusta empezar por la mala (para así poder terminar con la buena).

La mala es que como ya estarás pensando no es una posición nada fácil de cubrir. Por las siguientes razones.

Por un lado las habilidades listadas son del tipo que se llaman "soft skills". Es decir, no son cosas que se aprendan en una carrera ni en ningún manual, si no que son una combinación de la propia personalidad y de la experiencia que tenga la persona. Estas habilidades son mucho más difíciles de encontrar y también de evaluar cuando estás entrevistando a un potencial candidato.

Pero además de ser del tipo "soft" resulta que son muy variadas:

- No debe ser un vendedor, pero debe saber vender
- No debe ser un periodista, pero debe saber comunicar
- No debe ser un psicólogo, pero debe saber entender y tratar a las personas
- No debe ser un marketer, pero debe saber crear productos atractivos para los clientes
- No debe ser un especialista de negocio, pero debe conocer las diferentes industrias y sectores al nivel suficiente para poder solucionar sus problemas
- No debe ser un ingeniero, pero debe ejecutar los proyectos de forma eficiente y rentable

Es verdad que cualquier posición de management debe tener las "soft skills" antes comentadas, pero en este caso creo que es especialmente complicado por dos motivos.

El primero es que, en una posición de management digamos de las "clásicas" las habilidades están mucho más concentradas en una o dos y el resto, aunque se deben tener, sirve con que se tengan en menor medida.

Unos ejemplos para entender esto.

Un Director de RRHH tiene que tener las habilidades soft, pero a lo mejor serían: 70% gestión de personas, 20% comunicación y 10% negocio.

O un Director de comunicación podría ser 80% comunicación y 20% venta.

Los porcentajes obviamente son totalmente ilustrativos pero, entiendes el concepto, ¿no?

Sin embargo, el Director de Big Data Analytics tiene que tener esas habilidades mucho más repartidas, por ejemplo: 40% venta, 20% gestión de personas, 20% generación de producto, 20% gestión de proyectos.

Esto se debe, en mi opinión, al segundo motivo. Que es que, mientras que las posiciones de management "clásicas" (finanzas, rrhh, operaciones, ventas, …) tienen su alcance muy bien definido, una posición de Big Data Analytics está un poco en medio de todas.

Ello nos lleva a varios de los problemas que veremos en el resto del capítulo como hasta qué punto debe generar producto (en vez de marketing), hasta qué punto debe gestionar tecnología (en vez de IT), hasta qué punto estar en contacto con los clientes (en vez de ventas), etc.

Y a los dos aspectos fundamentales que van a resolver o empeorar lo anterior, que son: la estructura de la unidad de Big Data Analytics dentro de la empresa y el modelo de relación con otras áreas, y que veremos más adelante.

Pero por si fuera poco, debe combinar todo lo dicho con un conocimiento técnico potente:

- No debe ser un matemático, pero debe conocer los algoritmos, cuando y para qué se usan y qué resultados generan
- No debe ser un programador, pero debe conocer los lenguajes y herramientas que se van a necesitar, los conocimientos que deben tener los programadores y cómo se integra una solución analítica en el resto de

tecnología de una empresa: bases de datos, servidores de producción, etc.

Y créeme, **combinar las soft skills con el conocimiento técnico necesario es muy, muy, muy complicado**.

Normalmente la gente que tiene las soft skills suelen venir del ámbito de marketing o de negocio, pero no llegan al nivel de conocimiento técnico necesario y es muy complicado enseñárselo, llegando a frustrarles y a "quemarse".

Y al revés, no es difícil encontrar buenos data scientist o arquitectos big data, pero les cuesta mucho pasar a tareas de comunicación y gestión, que además en la mayoría de los casos no les gustan y les desmotivan.

Un pequeño truco: un perfil que a mi particularmente me ha resultado exitoso es el del consultor que empezó su carrera haciendo tareas técnicas, y a partir de los 6-8 años evolucionó primero a la gestión de equipos y después a la preventa.

Estarás pensando que vaya panorama, y que si todo esto merece la pena.

Para animarte un poco voy a recordarte que también había una buena noticia!. Y es que en el resto de este capítulo voy a contarte todo lo que necesitas saber sobre dichas funciones y habilidades para hacerte la vida un poquito más fácil.

Así que sin más introducción, vamos a comenzar a repasar las cuatro funciones básicas de un Director de Big Data Analytics.

Producto y mercado

El mercado de Big Data está en plena ebullición y además evoluciona a una velocidad increíble.

Esto sumado a que, por definición, Big Data es un término como ya hemos visto excesivamente amplio, que integra desde tecnología hasta los últimos algoritmos analíticos, provoca dos situaciones importantes:

La primera es que es realmente difícil para el profesional de Big Data seguir al día la evolución del mismo.

Y ya no te quiero ni contar para el "no profesional", es decir, para ti CEO o Director de Marketing, que tienes que navegar entre todo el ruido de las diferentes palabras e iconos de animalitos nuevos que salen cada mes.

Pero como todo problema también genera una oportunidad, en este caso para el buen profesional de Big Data Analytics que sea capaz de ayudaros a separar el trigo de la paja y obtener resultados de todo el potencial que tiene este campo.

Por ejemplo ha generado la oportunidad para que alguien como yo escriba este libro y que esté, esperablemente, ayudándote a poner orden en tu cabeza y a entender cómo puedes aplicar todo esto en tu caso.

La segunda está relacionada con lo anterior, y es la necesidad de especialización.

El mercado va a tender irremediablemente hacia la especialización.

El objetivo final de cualquier producto analítico es generar resultados. Este es un mensaje que ya te he intentado transmitir en varias ocasiones, y espero haberlo conseguido.

El objetivo no es implantar una tecnología Big Data, ni desarrollar el algoritmo ganador de las competiciones de Data Science. Sino conseguir resultados y generar valor, bien para tu empresa o bien para tus clientes.

Y en un entorno tan desarrollado como el actual esto sólo se consigue mediante la especialización. Elige alguna tecnología o algún caso de uso de uso de los que ya hemos visto y especialízate.

Este mismo libro es un ejemplo, Big Data para CEOs y Directores de Marketing, y todo el contenido que he desarrollado en el mismo está orientado a aportar valor a estos dos perfiles.

Seguramente un programador de Cassandra obtendrá poco valor con este libro, y quizás un Director de Riesgos obtenga algo, pero mucho menos que un CEO o un Director de Marketing.

Y te cuento esto porque es una de las funciones del Director de Big Data Analytics. Debe tener esto claro y posicionarse en cuanto a los productos / servicios analíticos que su unidad va a crear.

Para ello debe conocer el mercado y estar especializado en alguna categoría del mismo: soluciones analíticas para marketing, para riesgos, para fraude, etc.

Debe saber lo que se vende y lo que no se vende, y los principales problemas que están en la agenda de los potenciales clientes.

Y en base a lo anterior definir / crear el producto.

Pero, ¿Qué es un producto analítico?

Podríamos definirlo como un producto que soluciona alguna necesidad concreta de la empresa o de los clientes y que se genera aplicando algoritmos y metodologías analíticas sobre datos, tanto internos como externos.

Entendemos entonces que para construir un producto analítico hace falta:

- Sólido conocimiento de los datos disponibles tanto dentro de la empresa como en el mercado
- Sólido conocimiento de qué técnicas y tecnologías aplicar en cada caso
- Sólido conocimiento de la demanda que existe en el mercado y cómo llevar el producto a los clientes

Y no te voy a engañar, esto suele conducir a fricciones con otras áreas.

Fricciones con Marketing, que tradicionalmente ha sido el "propietario" del producto. Aquí el problema suele ser que Marketing no suele tener el conocimiento real de bajo nivel de cómo funciona una solución analítica en un cliente, por lo que una solución diseñada sólo por Marketing, en el escenario actual, tiene mucho riesgo de ser demasiado generalista y poco aplicada.

Por otro lado Analytics sí tiene ese conocimiento, pero suele estar sesgado por el problema concreto de los clientes con los que trabaja en el día a día. Eso lleva a que una solución generada sólo por Analytics tienda a ser demasiado específica para clientes concretos y poco "industrializable".

¿Empiezas a entender mejor las necesidades de los soft skills y del modelo de relación con otras áreas?

Fricciones con IT. El mercado de analytics necesita la generación ultra rápida de soluciones, de prototipos que se puedan llevar a clientes, ver si tienen demanda, hacer pilotos, cuantificar el valor que aportan y a partir de ahí ver si se transforman finalmente en una solución estable o no.

Eso requiere dos cosas para la dirección de Big Data Analytics:

1. Acceso directo a los datos
2. Cierta capacidad de construcción de software

No hace falta que te explique más del por qué de la fricción con IT

Fricciones con ventas. Cada vez la venta es más especializada y más consultiva. Cada vez los clientes responden menos a mensajes genéricos o puramente comerciales y a presentaciones de Power Point pomposas.

Los comerciales hacen un trabajo durísimo encontrando y aproximándose a clientes, y tradicionalmente han sido los dueños de la relación con mismo durante toda la venta.

Sin embargo, debido a esa especialización de la que hablábamos antes y del valor de la experiencia en la ejecución real de proyectos y no sólo en la venta, no es raro que los clientes comiencen a dirigirse directamente a los consultores analíticos de preventa, provocando que el comercial se sienta amenazado.

Siempre he pensado que hay dos tipos de comerciales en estos casos, los que reaccionan agresivamente queriendo forzar la situación para que esté totalmente bajo su control, y los que la aprovechan para "apalancar" en el trabajo del consultor y con ello al final conseguir más clientes y más ventas.

¿Cuál de las dos posiciones crees que es más inteligente?

Lo que he tratado de trasladarte en estas líneas son todos estos elementos y situaciones reales con las que te vas a encontrar como CEO o directivo.

Situaciones que normalmente no se describen en ningún libro ni formación, pero que son el día a día de un departamento analítico y que, como te comentaba al principio van a ser una parte importante del valor que un Director de Big Data Analytics te debe aportar.

Estructura y equipo

Son dos cosas diferentes pero muy relacionadas.

Empecemos por la estructura. Con ello me refiero a cómo debe estar organizado un departamento de analytics y cual es su encaje dentro de la estructura global de la empresa.

Se plantean varias cuestiones cómo:

• ¿Dónde debería estar esta capacidad: en IT, Marketing, una dirección propia, …?

- ¿Qué diferentes gerencias debería tener y cómo se deberían organizar?
- ¿Qué perfiles profesionales se necesitan?
- ¿Qué funciones debería cubrir?
- Etc.

Si además tu empresa es una multinacional, te plantearás dudas cómo:

- ¿Capacidad replicada por país o un área global?
- ¿Integración vertical en el área de negocio o estructura horizontal como un Centro de Excelencia (COE)?
- ¿Qué capacidades y atribuciones debe tener el COE y cuales las geografías?
- Etc.

Obviamente cada caso es diferente, y sería muy atrevido por mi parte decir que tengo una solución universal.

Pero como sabes en este libro te estoy contando las cosas de tú a tú, y asumiendo que esto no es una ciencia exacta, quiero darte mi opinión.

Esta visión está basada en mi experiencia personal:

- Como consultor de Management Consulting para empresas que se planteaban este tema
- Como Director de Analytics y responsable, a la vez que "usuario", del planteamiento organizativo y de la estructura del equipo

Por otro lado, la actual propuesta es para un departamento de Analytics en una empresa "final". La organización para una empresa consultora que vende servicios de Analytics a clientes podría ser diferente.

Bien, comencemos.

¿Dónde debe ubicarse el departamento de Analytics?

Cómo ya hemos visto, hay 3 grandes áreas en las que Analytics ha demostrado extensamente la creación de valor:

- Marketing / Comercial: personalización comercial, optimización de campañas, digital customer journey, reducción del abandono, segmentación y life time value, etc.
- Riesgos: aceptación de clientes, concesión de crédito, análisis de cartera, prevención de morosidad, recobro, etc.
- Operaciones: fraude transaccional, suplantación identidades, robo de información, mantenimiento preventivo, supply chain management, etc.

La decisión de la ubicación del departamento de Analytics depende de cómo se quieran organizar las funciones anteriores. Hay dos opciones:

a) Un único departamento que da servicio interno a las áreas de negocio.

- Ventajas:
  - o Alta sinergia en los recursos analíticos: tanto humanos como hardware y software
  - o Alta sinergia en el acceso y gestión de datos a la hora de disponer de una visión 360 grados de clientes y procesos
- Inconvenientes:
  - o Al ser más cross los perfiles tenderán a tener más especialización analítica pero menos de negocio. Por lo que los proyectos deberán ser realizados

por equipos mixtos entre consultores analíticos y expertos del área en cuestión (marketing, riesgos, ...)

- En este caso la Dirección de Analytics debería estar paralela al resto de direcciones y ser miembro del Comité de Dirección

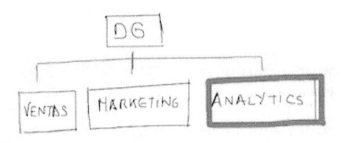

b) **Diferentes departamentos analíticos que se integran dentro de sus verticales de negocio.** Es decir un área analítica dentro de Marketing, otra dentro de Riesgos, etc

- <u>Ventajas</u>: mayor especialización de los consultores analíticos en su área de negocio, lo que incrementa la eficiencia y velocidad de los proyectos
- <u>Inconvenientes</u>: se destruyen las sinergias en los recursos: aparecen diferentes silos de información, se duplican licencias de software, se incrementa el total de headcount analíticos en la empresa y por tanto los costes, etc.

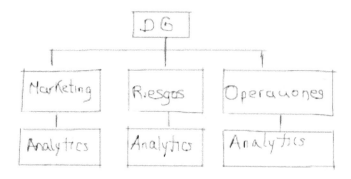

Mi recomendación entre los dos modelos es la siguiente:

- En casos en los que el tamaño de la empresa es muy grande y la función analítica es muy especializada es mejor la opción de diferentes departamentos analíticos. Por ejemplo un gran banco, en el que existirá un departamento analítico de riesgos separado del departamento analítico de CRM
- En el resto de casos es más recomendable la opción de una Dirección de Analytics única que de servicio a las diferentes áreas a través de proyectos

¿Y qué pasa con Big Data?

Actualmente hay muchas empresas que están optando por desarrollar las funciones de Big Data desde el área de IT. ¿Esto es correcto?

Para la parte de tecnología sí. Me explico. En este libro me habrás oído varias veces diferenciar entre Big Data Tecnología y Big Data Analytics.

La primera se encarga de la arquitectura y configuración de los sistemas y plataformas y la segunda de la explotación de negocio mediante los algoritmos analíticos.

La primera debería estar en IT y la segunda en bajo alguna de las dos opciones que vimos anteriormente, ya que para mí Big Data Analytics no es más que la parte de Analytics que trabaja en casos de uso especiales: por ejemplo alto volumen o tiempo real.

¿Qué gerencias debería tener una Dirección de Analytics?

Es muy importante que la Dirección de Analytics disponga de capacidades y autonomía en las siguientes cuatro funciones, y lo recomendado es que cada función se organice como una Gerencia:

- **Datos**: su función será identificar, localizar, integrar y mantener todos los datos necesarios para la Dirección de Analytics. Tanto datos internos como externos. También será la responsable de la coordinación con IT para la creación y gestión del Data Lake analítico y de la plataforma Big Data de la Dirección (Sandbox)
- **Analytics**: equipo de consultores de alta especialización analítica, tanto en metodologías y algoritmos analíticos (cómo se calcula un LTV, cómo se hace un modelo de retención, etc.), como en lenguajes analíticos (SAS, R, Python, etc.)
- **Negocio**: consultores especializados en dos cosas: áreas funcionales (al menos un experto en marketing, otro en riesgos y otro en operaciones) y en gestión de proyectos (entendimiento de necesidades, gestión de hitos y calendarios y comunicación de beneficios de negocio al cliente interno)
- **Tecnología**: expertos en visualización de datos y construcción de prototipos sobre los que implementar y operativizar los insights conseguidos en los proyectos

Estos son los principales factores a tener en cuenta cuando se define y crea un departamento de Analytics.

Obviamente es un tema complejo, y puede tener muchas variaciones en función de cómo sea el negocio, la empresa, y otros factores que hay que definir en cada caso concreto. Por lo que todo lo anterior debe ser entendido como el marco de trabajo, la hoja de ruta sobre la que hay que definir cada caso concreto.

Por otro lado, decíamos antes que en el caso de multinacionales es frecuente la estructura conocida como COE (Centro de Excelencia).

Cómo se defina y estructure un COE tiene aún más impacto que cómo se defina una unidad local, y en mi experiencia es la diferencia entre algo que puede ser una ventaja competitiva brutal o por el contrario algo que sea un lastre para las operaciones de negocio locales.

El concepto de COE es en esencia muy sencillo. Se trata de **un grupo muy homogéneo y muy especializado que se dedica a generar productos, servicios y metodologías de altísimo valor que despliega en cada geografía** permitiendo que:

- Todas las geografías de la empresa tengan soluciones muy competitivas sin tener que duplicar las capacidades localmente en cada una
- Mantener un nivel homogéneo de servicio en todo el mundo
- Contar con expertos superespecializados que den el soporte necesario a las unidades locales cuando sea necesario

Sin embargo, los problemas llegan en la implantación. Surgen dudas cómo:

- ¿Es mejor hacer un único COE de analytics que de servicio a todas las geografías? ¿O aprovechamos el conocimiento específico de cada grupo de analytics local para que cada uno sea el COE de un ámbito concreto? Por ejemplo el COE para analytics de marketing sería el grupo de España, el COE de riesgos el de Australia y el COE de fraude el de US
- ¿Lo articulamos de tal forma que el grupo de analytics local reporte en línea sólida a la unidad de negocio local, por ejemplo al Director General y en punteada a la estructura global?¿O que cada grupo local reporte en sólida al COE global y en punteada a la operación local?
- ¿Cuáles deben ser las decisiones y competencias que asuma el COE global y cuales los grupos locales?
- Etc.

He visto situaciones en las que, por una mala interpretación y definición de lo que debe ser un COE, lo que se genera es una carga más que una ayuda para el negocio local, guerras internas que tienen a los directivos más ocupados en la política que en el negocio, un ambiente que afecta negativamente a la motivación y retención del talento analítico y en definitiva una auténtica bomba de relojería para la organización.

Por el contrario un COE bien definido puede ser una ventaja competitiva tremenda.

Dicho esto, mi recomendación práctica:

¿Qué debe ser un COE?

- Un activo para la consecución de los objetivos de negocio de cada geografía
- Un generador de productos/soluciones de vanguardia en el mercado
- Un identificador de las mejores prácticas de cada geografía para extenderlas al resto de geografías
- Un soporte muy especializado para dar cobertura a las unidades locales
- Un evangelizador de la cultura data-driven y analítica al resto de áreas de la empresa

¿Qué NO debe ser un COE?

- Un grupo que luche contra las operaciones locales para ganar cuota de poder
- Un grupo que quiera generar una identidad propia por oposición al resto de la empresa tratando de "independizarse" de la misma
- Un repositorio centralizado de los power points de las geografías
- Un laboratorio o departamento de investigación más enfocado a las necesidades intelectuales de sus miembros que a las de negocio de la empresa

Una vez definida la estructura se necesita definir el perfil y nivel de experiencia de los profesionales del departamento.

El organigrama recomendado es el ya anticipado cuando vimos la configuración del equipo.

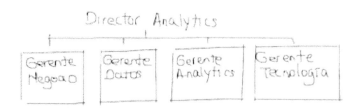

Sobre el perfil del Director ya hemos hablado anteriormente, ya que debe cumplir tanto con el conocimiento técnico necesario (que es básicamente el que hemos visto en este libro en cuanto a tecnología, algoritmos y casos de uso), como con los soft skills ya descritos.

Debería además existir la figura de un Gerente o un "Head of" para cada una de las grandes funciones comentadas más arriba: Datos, Analytics, Negocio y Tecnología.

Sin pretender hacer aquí una descripción de puestos sí te voy a dar una descripción muy general de cada uno para que entiendas lo que debes buscar.

Gerente de Datos: 10 años de experiencia. Gran conocimiento de estructuras de información: DataLakes, DataWarehouse, DataMarts y de las tecnologías que las soportan: bases de datos, arquitecturas Big Data. Conocimiento de los datos externos disponibles en el mercado y de los diferentes proveedores. Conocimiento de cómo funcionan las APIs (formato de intercambio de datos que va a adquirir una enorme importancia en los próximos años para acceder a datos de terceros) y de tecnologías de extracción de datos como web crawling y web scrapping (son "arañas" que recorren las páginas web y descargan la información de interés).

Gerente de Analytics: 10 años de experiencia. Debe tener conocimiento avanzado de Data Science, del abanico de algoritmos analíticos disponibles y cómo implementarlos. Y un conocimiento muy avanzado de las metodologías concretas que se utilizan en el ámbito al que da servicio la unidad de analytics, por ejemplo si da servicio a Marketing debe saber cómo se construyen modelos de Life Time Value, de retención y venta cruzada, segmentaciones, modelos de personalización en tiempo real, etc. Si da servicio a Riesgos debe saber cómo hacer modelos de scoring de admisión, de cartera, de pérdida esperada, etc.

Gerente de Tecnología: 10 años de experiencia. Debe ser especialista en visualización de datos y en construcción de prototipos. No necesariamente de aplicaciones profesionales en producción, que sería más labor de IT, pero sí de metodologías ágiles de construcción de demos, y aplicaciones web o mobile que sirvan de producto mínimo viable para testar demanda de mercado o capacidad de generación de valor de las soluciones.

Gerente de Negocio: 10 años de experiencia. Debe tener conocimiento profundo del negocio de la empresa, de los procesos internos y de las personas implicadas. Capacidad de comunicación, gusto por el trabajo en equipo y la capacidad de entender qué necesita el usuario de negocio y explicar el valor que produce el producto analítico.

Cada gerente debe contar con su equipo de consultores. El número y la jerarquía por debajo de este nivel ya depende mucho del tamaño de la empresa y de las necesidades que tenga.

En cuanto a los consultores, es muy importante la gestión de la motivación del equipo, ya que este tipo de perfiles está muy demandado actualmente y da por seguro que estarán continuamente recibiendo ofertas de trabajo.

Personalmente he percibido un cambio generacional en las palancas de motivación que son más efectivas con el equipo.

Mientras que a los consultores de hace 10 años lo que más les motivaba eran las promociones y los aumentos de salario, en las nuevas generaciones esto ha cambiado sensiblemente.

Obviamente a todo el mundo le gusta tener un mayor salario, y además estamos hablando de profesionales que están sensiblemente mejor pagados que la media. Pero sería un error pensar que es lo más importante.

Los perfiles actuales de Big Data Analytics se sienten más motivados por factores como los siguientes:

- La <u>empresa</u> para la que trabajen (a priori una tecnológica estilo Google/Facebook les atrae mucho más que un banco)
- El <u>tipo de proyectos</u> que hagan: quieren proyectos innovadores y que requieran de la aplicación de las últimas tecnologías y algoritmos
- <u>Aprendizaje:</u> se sienten muy vinculados al reto intelectual constante y al potencial de aprendizaje, tanto en formación reglada como a través de proyectos, que les pueda proporcionar la empresa
- <u>Conciliación profesional-personal</u>: valoran ampliamente la libertad de horarios, el poder trabajar desde casa y el sentir que tienen vida fuera de la oficina

Además, te recomiendo que implantes una cultura no jerárquica, colaborativa, basada en proyectos y que recompense la meritocracia.

Pero al mismo tiempo una cosa que no te resultará nada fácil de gestionar es lo que yo llamo el "efecto Romario". Con este tipo de perfiles, que tienen un conocimiento técnico muy especializado y la vez muy valorado en el mercado, no es raro que surjan "estrellas" que además tendrán un gran poder de influencia sobre el resto del equipo y que pueden empezar a imponer una serie de condiciones que no son positivas para la unidad en su conjunto.

Algunas situaciones típicas que te puedes encontrar son:

- "Yo no hago presentaciones para cliente, sólo trabajo con mi SAS o mi R"
- "Puff, desarrollar eso son 5.000 horas"
- "Mi Manager no tiene ni idea, así que no voy a hacer lo que me pide, sino lo que yo pienso"

Creo que entiendes el concepto.

No es una situación fácil y no tengo la solución infalible. Deberás decidir si sacas a jugar a Romario aunque no haya ido a entrenar y haya salido anoche, a cambio de que te meta 2 goles. O si lo dejas en el banquillo para premiar la labor de equipo.

Encontrar el balance entre una cultura no jerárquica y meritocrática, y una gestión justa del equipo como un todo y orientada al negocio será uno de los principales desafíos del Director de Big Data Analytics.

Gestión de proyectos Big Data

La gestión de un proyecto Big Data no es en esencia diferente a la gestión de otro tipo de proyectos.

Se han de tener habilidades de diseño y planificación, gestión del tiempo, reparto y seguimiento de tareas, compromiso con la calidad y los hitos, identificación de riesgos y habilidad de comunicación al usuario final.

El principal consejo que te puedo dar en este punto, que es de sentido común, y que sin embargo veo que se enfoca mal una y otra vez es sobre cómo diseñar un proyecto de Big Data.

Ya lo hemos comentado en alguna ocasión, pero existe un sesgo tremendo a identificar Big Data con tecnología.

Afortunadamente, tras varios años de hacer esta asociación, el mercado ha empezado a darse cuenta de que la tecnología no es el foco inicial.

Y últimamente seguramente estarás viendo el apellido Analytics casi siempre que se habla de Big Data.

Parece que Analytics es lo que toca ahora, pero no es así, SIEMPRE HA SIDO ANALYTICS.

Y voy más allá, siempre ha sido Analytics aplicado a un problema de negocio.

Por tanto el mejor consejo que te puedo dar a la hora de diseñar un proyecto de Big Data es aplicar lo que yo llamo la "pirámide del éxito".

Ya la vimos al principio del libro, pero te la recuerdo.

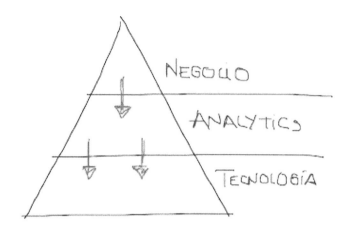

Básicamente consiste en seguir el siguiente orden a la hora del diseño del proyecto: problema de negocio → qué algoritmos analíticos lo pueden resolver → qué tecnología necesitan esos algoritmos.

Tan sencillo como eso! No es física cuántica, sin embargo muy pocas veces lo veo ejecutado correctamente.

Esta es la forma correcta de ejecutarlo.

Siéntate con el cliente o cliente interno. Habla de negocio. Hazle mil preguntas hasta que entiendas realmente cual es su problema. Vete de lo general a lo concreto.

Por ejemplo: ¿Necesita mejorar las ventas?¿Por qué?¿Es porque no llega a objetivos y no va a cobrar su bonus?¿Pero qué objetivos?¿Son objetivos específicamente de ingresos o son de margen?¿Si son de margen podría conseguirlos igualmente si en lugar de aumentar mucho las ventas aumentamos de forma combinada las ventas y reducimos los costes? Etc.

Una vez identificado el problema a alto nivel comenzamos a aterrizarlo. ¿Por qué no vende?¿Es en todos los canales porque es un problema de producto?¿O concretamente tiene un problema en el canal online?¿Puede ser que realmente venda pero que tenga un abandono algo y por tanto no crezca? Etc.

Deberíamos terminar esta fase con unos objetivos y conclusiones muy claros como:

- Necesitamos incrementar un 20% las ventas en el canal digital
- Necesitamos incrementar un 10% el número de productos medio por cliente
- Hay 3 campañas que no están teniendo los resultados esperados
- El 80% de los clientes que han cancelado sus contratos son del segmento Affluent

Es decir, en el fondo estamos hablando de captación online, incremento de la vinculación y retención en un segmento concreto.

En este punto pasamos al siguiente nivel de la pirámide, que es identificar qué algoritmos analíticos dan solución a estos problemas.

En nuestro caso podrían ser: segmentación para búsqueda de gemelos en plataformas digitales, un sistema Next Best Activity que de cobertura a estos X productos, y un modelo de retención específico para el segmento Affluent.

Y por último identificamos las funcionalidades tecnológicas que vamos a necesitar y la arquitectura que le puede dar solución.

Por ejemplo vamos a necesitar una implementación de un k-medias para la segmentación (lo implementaremos en R), una NOSQL para integrar nuestra información con las plataformas de real time bidding, procesamiento en paralelo para crear los modelos pesados de Next Best Activity y la capacidad de ejecutar los modelos en tiempo real (que cubriremos con Spark en su versión batch y streaming respectivamente) y también R para desarrollar el modelo de retención.

Obviamente este es un ejemplo muy simplificado, pero este es el modelo que se debe utilizar.

El modelo de la "pirámide del éxito" permite pasar de un enfoque "estoy meses construyendo una plataforma de Big Data y cuando acabo busco un súper proyecto de negocio que me permita justificarla" a un enfoque continuo de pequeños Quick Wins de negocio que van añadiendo capas de tecnología conforme se van necesitando, protegiendo siempre el ROI en cada proyecto y ganándose la confianza de la organización.

Relación con otras áreas

Ya hemos ido en los apartados anteriores el tipo de fricciones que pueden surgir con áreas como Ventas, IT y Marketing y los motivos por los que se producen.

Y que la principal causa de los mismos es una de las dos siguientes:

• O bien no se sabe muy bien dónde ubicar la unidad de Big Data Analytics. Realmente según tenga uno u otro sesgo se tomará una decisión diferente:

- Sesgo de preventa: podría ubicarse dentro de Ventas si es una empresa que vende servicios analíticos no muy complejos y lo que necesita es un soporte especializado a la venta
- Sesgo de tecnología: si se ha empezado la casa por el tejado y se ha entendido Big Data como la infraestructura tecnológica se ubicaría en IT
- Sesgo de negocio: suele ser común en grandes empresas como bancos o utilities donde la función principal de Analytics es el Business Intelligence o el Customer Intelligence
- O bien se ubica en una Dirección de Big Data Analytics propia, pero claro, será algo de nueva creación, y hay algunas funciones de la nueva Dirección que históricamente las han venido realizando otros departamentos

Realmente esto no es nada nuevo bajo el sol. Fricciones entre departamentos en la empresa han existido siempre.

Pero es recomendable que lo anticipes, ya que por un lado será una de las tareas que le consuma tiempo al Director de Big Data Analytics y por otro, suele se necesario preparar un plan de gestión del cambio.

Puntos clave a llevarse de esta sección

Cuando una organización realmente apuesta por convertirse en data-driven (algo que todas deberán acabar haciendo tarde o temprano), surgen un montón de preguntas operativas sobre cómo realizarlo.

Hemos repasado los pros y los contras de crear una Dirección propia para Analytics frente a situar la unidad en alguna de las existentes.

Hemos hablado sobre la figura del Director de Analytics. Sobre cual debe ser su perfil y sobre los principales funciones que debe desarrollar.

Te he contado los principales retos que van a surgir en la vida real, cosas que nunca verás en ningún libro o en internet.

Son los retos derivados de mi propia experiencia, y que espero que te puedan ser de gran ayuda de cara a anticiparlos y gestionarlos.

Y también me he permitido darte algunas recomendaciones o por lo menos mi visión, con toda la humildad del mundo, pero también con la intención de que mis experiencias te puedan ser útiles:

- Hemos visto los factores a tener en cuenta a la hora de desarrollar producto analítico
- Te he dado mi visión sobre cómo estructurar un departamento analítico y un Centro de Excelencia (COE)
- Te he listado los perfiles humanos y profesionales que vas a necesitar
- Te he dado las directrices que considero correctas a la hora de afrontar un proyecto de Big Data
- Te he anticipado la importancia de un modelo de relación con el resto de áreas de la empresa y los aspectos en los que pueden surgir fricciones

Esta sección del libro ha sido la más personal y la menos objetiva, en el sentido de que ya no estamos hablando de tecnología o de algoritmos comúnmente aceptados.

Estamos hablando de experiencias, y es posible que no estés de acuerdo con todo lo que te he dicho. Quizás tu tienes una experiencia o visión diferentes. Y eso está genial.

Si ese es el caso perfecto, seguramente aún así habrás encontrado alguna píldora útil en todo lo que hemos hablado en esta sección.

Y si no lo es, si en algún momento te has visto en la necesidad de afrontar las situaciones que aquí hemos tratado pero no has sabido muy bien como hacerlo, sigue las pautas que te he dado y estoy seguro de que te van a ayudar.

En cualquiera de los dos casos estaría encantado de compartir reflexiones. En las últimas páginas están mis datos de contacto para lo que me puedas necesitar.

CONCLUSION

Ha sido un largo y duro viaje, pero espero haber cumplido la misión que me proponía en el prólogo.

Haber sido capaz de llevarte desde ese punto A de confusión, ruido e inseguridad para tomar acciones al punto B de entendimiento, conocimientos, claridad conceptual y sobre todo seguridad y confianza en el que espero que te encuentres ahora.

A partir de aquí ya es cosa tuya, puedes afianzar los contenidos que hemos trabajado únicamente a alto nivel y construir un discurso sólido y bien documentado que te ayude en procesos de venta, negociaciones o decisiones de alto nivel.

O también puedes seleccionar de entre todo el abanico de cosas que hemos visto aquellas que sean más apropiadas para tu perfil y empezar a profundizar en ellas.

Puede ser que estés en la situación de decidir si quieres invertir en un Master de Big Data y has comprado este libro como un primer vistazo que te permitiera intuir si esto es para ti o no.

O que te estés planteando iniciar un proyecto de Analytics en tu empresa y necesitaras un mapa que te ayude a abordarlo.

En cualquiera de los casos anteriores, y especialmente si este libro te ha sido de ayuda en algún momento de decisión importante en tu vida como los comentados, me encantaría saberlo.

Una de las mayores recompensas que puede recibir un autor es saber que su trabajo ha sido transformacional para el lector.

Si este libro te ha ayudado a mejorar tu trabajo, dar un giro a tu carrera, tomar la decisión de empezar con Big Data Analytics en tu empresa, hacer un master o cambiar de posición voluntariamente hacia este mundo, por favor escríbeme y házmelo saber.

Me encantará saberlo y estar en contacto.
- Escríbeme un correo: Isaac@isaacgonzalez.es
- Visita mi blog: www.isaacgonzalez.es
- Añádeme a LinkedIn diciendo que eres un lector del libro

Hasta siempre,
Isaac

¿Te ha gustado el libro?

Posiblemente te hayas decidido a comprar este libro gracias a los comentarios de otras personas.

Si te parece que el libro aporta valor, por favor ayuda a otras personas también a tomar su decisión escribiendo tu reseña en Amazon:

- Vete a esta dirección: http://bit.ly/opinionbigdata
- Escribe tu valoración y cuenta cómo este libro te ha ayudado

Te garantizo que leo todas las reseñas y me encantaría conocer la tuya!!

GLOSARIO

El mundo de Big Data y de Analytics puede ser especialmente complejo en su vocabulario, debido a que tiene un fuerte componente de tecnología y metodología, y a la velocidad con la que evoluciona el sector.

Para ayudarte a tener una referencia rápida que consultar en caso duda te he preparado el siguiente glosario.

- **Advanced Analytics**: la parte de Analytics que trabaja con los algoritmos más avanzados. Utiliza técnicas principalmente del campo de la estadística: regresiones multivariantes y logística, análisis discriminante, componentes principales, etc., de la inteligencia artificial: árboles de decisión, redes neuronales, etc., y de las matemáticas: optimización
- **Analytics**: es en general la utilización de técnicas de análisis de datos para resolver problemas de negocio. Es la categoría más general, que incluye tanto análisis de datos en Big Data como en Small Data, tanto técnicas "sencillas" como porcentajes, medias, tablas cruzadas o gráficos como "avanzadas": modelos predictivos, text mining, etc.
- **Apache Flink:** un motor open source de procesamiento de datos que tiene su fuerte en el análisis streaming de los datos
- **Apache Hadoop**: herramienta Big Data open source y distribuida inicialmente orientada al procesamiento batch de grandes volúmenes de datos que tiene dos grandes componentes principales: HDFS como sistema de almacenamiento y MapReduce como motor de procesamiento

- **Apache Hive**: componente del ecosistema Hadoop que permite procesar los datos en un lenguaje parecido a SQL y organizarlos a la manera de un DataWarehouse
- **Apache Kafka**: plataforma distribuida de análisis streaming usada principalmente para la ingesta y redireccionamiento de datos dentro de un ecosistema Big Data
- **Apache Pig**: componente del ecosistema Hadoop que permite procesar los datos en un lenguaje de alto nivel más sencillo que MapReduce y está enfocado a realizar cadenas de procesos de análisis de datos
- **Apache Spark**: motor opensource de procesamiento Big Data que pretende unificar los diferentes tipos de análisis de datos posibles en una plataforma Big Data
- **Arquitecto Big Data**: se encarga de definir, configurar y mantener la plataforma tecnológica de Big Data
- **Big Data**: Big Data es el análisis de grandes volúmenes de información. Se divide en dos ámbitos principales: Big Data tecnología, que se encarga principalmente del desarrollo del software (Hadoop, Spark, etc.), y de la configuración y mantenimiento de la arquitectura de la plataforma. Y Big Data analytics, que se encarga de la explotación mediante técnicas y lenguajes analíticos (R, Python, etc.)
- **Business Analyst:** se encarga de realizar análisis y extraer conclusiones, pero normalmente con un sesgo más de negocio que técnico. Conoce muy bien el negocio pero utiliza técnicas analíticas más básicas y tecnología de más alto nivel con entornos gráficos y sin programación
- **Business Intelligence:** proceso de analizar y visualizar datos según las diferentes perspectivas que requiere un negocio con el objetivo de soportar la toma de decisiones
- **Cluster:** en Big Data: un conjunto de máquinas conectadas en red y organizadas bajo un objetivo y un

marco tecnológico común. En Analytics: segmento de datos muy parecido entre los miembros del mismo y muy diferentes de los miembros de los otros segmentos

- **Data Lake:** un repositorio de datos que los almacena en su formato original y en bruto
- **Data Miner:** se encarga de realizar análisis y extraer conclusiones, pero con un sesgo a medio camino entre negocio y analytics. Es capaz de cubrir todas las fases de un proyecto, desde la preparación de datos hasta las conclusiones de negocio pasando por la modelización avanzada. Se siente cómodo con tecnologías como SAS o Ibm Modeler
- **Data Mining:** un conjunto de metodologías y algoritmos avanzados que persiguen la finalidad de extraer el máximo conocimiento de los patrones escondidos en los datos
- **Data Science:** un enfoque para el análisis de datos que está a medio camino entre Big Data y Data Mining
- **Data Scientist**: se encarga de realizar análisis y extraer conclusiones, pero con un sesgo a medio camino entre analytics y big data. Se siente cómodo accediendo a la tecnología Big Data y usando tecnología analítica del mundo opensource como R o Python
- **DataWarehouse:** repositorio estructurado de datos que da servicio a toda la empresa, integrando información de diferentes departamentos o ámbitos de negocio
- **DataMart:** repositorio estructurado de datos que da servicio normalmente a un solo ámbito de negocio, por ejemplo al comercial
- **Data Mining**: en general es el proceso de extraer patrones ocultos en los datos. Es más amplio que machine learning, ya que utiliza los algoritmos de éste para las modelizaciones avanzadas pero también incluye otras fases como calidad de datos, preparación de los mismos y las metodologías necesarias para coger unos

datos en bruto y transformarlos en patrones y conclusiones de negocio

- **Datos estructurados:** datos que están organizados bajo un esquema prefijado, normalmente se utiliza el modelo relacional de datos
- **Datos no estructurados:** datos que no responden a un esquema prefijado como información en texto libre, audio, imágenes o video
- **Ingeniero de datos**: se encarga de acceder, extraer, transformar y gestionar los datos necesarios para los proyectos, así como de la puesta en producción de los modelos y algoritmos desarrollados
- **Ingesta de datos:** el proceso de incorporar diferentes tipos de datos a la plataforma Big Data
- **Inteligencia Artificial**: Existe desde la década de los 50 del siglo 20, y a nuestros efectos, se puede dividir en dos grandes ramas. La simbólica y la conexionista. La simbólica pretende dotar a las máquinas del conocimiento humano ya existente y su forma operativa más conocida son los Sistemas Expertos, en los cuales se le da a la máquina el conocimiento en forma de una base de conocimiento y unas reglas que regulan cómo debe "pensar". La conexionista pretende que la máquina aprenda por si sola el conocimiento inspirándose en cómo funciona la biología y como aprendemos los humanos. La forma operativa más conocida son las redes neuronales.
- **Machine learning**: comparte con la inteligencia artificial el objetivo de que las máquinas aprendan por si solas, pero amplia un poco el ámbito, ya que no necesariamente tiene el objetivo de lograr "inteligencia", si no que en muchos casos se conforma con que el aprendizaje de la máquina permita solucionar un problema práctico. Por ello entre su arsenal tiene técnicas de inteligencia artificial como las redes neuronales ya vistas, o también

otras que no intentan replicar inteligencia pero permiten solucionar problemas como los árboles de decisión, o métodos estadísticos como regresiones

- **Map Reduce:** el motor de procesamiento de datos original de Hadoop que permite analizar grandes volúmenes de datos mediante el concepto de "dividir y paralelizar"
- **Python:** un lenguaje de programación de propósito general y relativamente baja dificultad de aprendizaje que se está desarrollando en los últimos años como una de las grandes opciones open source para el análisis avanzado de datos
- **R:** lenguaje open source con una amplia historia en el ámbito de la estadística que se ha posicionado como la gran alternativa a Python para el análisis avanzado de datos
- **Streaming:** procesamiento en tiempo real de datos sobre una fuente de datos que está permanentemente generando información